Chefkoch:
Carlo Cracco

Die beste Küche der Welt | **Italien**

Italien

Mit den Gerichten von:

Antonello Colonna • Carlo Cracco

Die beste Küche der Welt

DIE BESTE KÜCHE DER WELT - **Italien**

Originalidee
Jaume Fàbregas

Projektleitung
Juan Manuel Bellver

Koordination der Bücherreihe
Núria Egido

Gastronomische Beratung
Xavier Agulló
R. de Nola
Franco Lombardo
Giuliano Lombardo
Jorge Osés

Weinempfehlungen zu den Gerichten (*)
Juancho Asenjo
Luis García de la Navarra
José Jiménez

Realisierung
Marian Antón
Mercè Bolló
Esther Buira
Lola Hernández
Meritxell Piqué
Pau Raya Castell
Carlos Raventós
Miquel Ángel Sánchez
Anna Tutosaus

Fotografie
Daniel Loewe / Joan Jolis, S.L.

Verlag
Ciro Ediciones, S.A.

Satzspiegel
New Color Book, S.L.

Vordruck
Digitalscreen

Medieninhaber/Herausgeber: Mediengruppe
OESTTEREICH, 1010 Wien

Druck
Arvato Print Italy

Danksagung
www.goormet.com

Die Gerichte der traditionellen italienischen Küche wurden erstellt durch:
Restaurant Il Vizzieto (Rudy Mares), Seiten 20, 28, 30, 32, 40, 66, 68, 70, 72, 86, 88, 90, 102, 104, 106, 110, 112, 118, 120, 128, 138

Restaurant Murivecchi (Ciro Esposito), Seiten 50, 52, 54, 62, 64, 84, 108, 132

Restaurant Tramonti 1980 (Franco Lombardo), Seiten 22, 24, 26, 34, 36, 38, 44, 46, 48, 56, 58, 60, 74, 76, 78, 80, 82, 92, 96, 98, 100, 114, 116, 120, 122, 124, 134, 136, 140, 142,144

ISBN 978-3-902882-00-4 (vollständige Reihe)
ISBN 978-3-902882-01-1 (Band 1 - Italien)

(*) Die Weinauswahl und die diesbezüglichen Kommentare kommen von Juancho Asenjo und Luis García de la Navarra

Inhalt

Um auf den Geschmack zu kommen

Italien, vom Norden bis zum Süden

Italien ist eines der geschichtsträchtigsten Länder Europas und die Wiege unserer Zivilisation. Es bietet dem Tischgast eine reiche Gastronomie und eine Vielfalt an Produkten, die von Nord nach Süd sehr unterschiedlich sind.

Im Norden herrscht eine der Kälte angepasste Küche vor, die sich durch fantastische Butter und den Käse aus Parma auszeichnet, nicht zu vergessen das Schweinefleisch in allen Variationen, großartige Kapaune, geschmackvolle Kürbisse und elegante Weine. Wir reden über eine kaum mediterrane Küche, die eher mitteleuropäisch ist und manchmal deftig sein kann, aber auch zum Naschen verführt und sehr appetitanregend ist, vor allem in den Wintermonaten.

Andererseits überwiegen im Süden hundertprozentig mediterrane Rezepte: Ziegenkäse, Basilikum, Salbei, Olivenöl und einige Arten von Tomaten, die wirklich außergewöhnlich sind. Meine Favoriten darunter sind die Tomaten, die in der Sonne getrocknet tausend Anwendungsmöglichkeiten bieten: als Antipasto, als Gar-

nierung von Fleisch oder Fisch und ebenso als Zutat unterschiedlicher Saucen. Und was vereint einen Teil des Landes mit dem anderen? Die Pasta. So einfach und gleichzeitig so vielschichtig, frisch, trocken oder gefüllt, in tausend Formen und Geschmäckern, immer faszinierend. Immer noch erinnere ich mich an die Garganelli mit Brokkoli bei meiner letzten Reise ins transalpine Gebiet, die reinste Raffinesse. Zudem gibt es noch die Pizza, frischer Brotteig, bedeckt mit allem, was man gerade zur Hand hat, und im Ofen gebacken. Ein Grundnahrungsmittel, einfach aber schmackhaft, welches sich zum Star der italienischen Küche gewandelt hat, heutzutage auf allen fünf Kontinenten verspeist wird und eins der weltweit verbreitetsten Gerichte ist. Man kann auch nicht über die italienische Küche sprechen, ohne die zahlreichen Risottos und Reisarten zu erwähnen. Aus all diesen Gründen gibt es nur eine Art und Weise, um diese Küche mit einem Wort zusammenzufassen. Außergewöhnlich!

Ramon Freixa

Die beste Küche der Welt: Italien

Die italienische Küche ist der übrigen vornehmen Gastronomie fern und zeigt stolz die Einfachheit und Originalität ihrer Gerichte, die sich unweigerlich vertraut anfühlen. Pasta und Pizza, ihre beiden berühmtesten Vertreter, sind das beste Beispiel für die Vielfältigkeit einer Küche, die sich zwischen dem Reichtum und der Vielfalt des Nordens und der ewigen Armut des Südens bewegt. In beiden Fällen eine außerordentliche Darstellung volkstümlicher Kochkunst.

Willkommen zum wahren Wesen mediterraner Küche! Die italienische Gastronomie wurde weltweit berühmt, und zwar mit einer sehr einfachen Idee: eine kunstfertige Kombination aus hochwertigen, frischen und gesunden Zutaten auf einfache Weise zuzubereiten. Diese spezielle Kombination stammt im Grunde aus der sogenannten „cocina povera", die Armen-Küche der Familien im Süden, durch die ihr Einfallsreichtum geweckt wurde, um gegen die schlechte wirtschaftliche Situation anzukämpfen, unter der sie seit Jahrhunderten litten. Bei der Verbreitung der italienischen Gastronomie spielen die beiden berühmtesten Gerichte eine fundamentale Rolle: die Pasta und die Pizza, mit unendlichen Variationen der Zubereitung. Es handelt sich abermals um einfache Gerichte, die sich den regionalen Produkten von fast jedem Land der Welt anpassen können. Deswegen stellen sie für viele Kochneulinge die erste Annäherung an die Herdplatten dar oder sind die besten Lösungen für schnelle Mahlzeiten oder Abendessen. Gemeinsam mit diesen hat eine Unmenge an gastronomischen Angeboten Italiens einen Ehrenplatz zwischen den Delikatessen der Welt erobert.

Gastronomische Vereinigung

Eine weitere magische Tugend dieser Gastronomie ist es, dass die Vielfältigkeit an Gerichten, die jeder der mehr als ein Dutzend Regionen des Landes eigen ist, trotzdem einen gemeinsamen Stempel trägt, durch den man sie als „italienische Küche“ einordnen kann. Dieses gemeinsame Element ist die Verwendung frischer saisonaler Lebensmittel, die mit der Liebe und dem Respekt zur Kochkunst der Italiener kombiniert werden. Die Unterschiede zwischen den Regionen sind ebenso Folgen geografischer und klimatischer Eigenheiten, als auch Folgen der Einflüsse durch die politische Vorherrschaft unterschiedlicher Imperien. Man darf nicht vergessen, dass Italien ein junges Land ist, dessen

Geschichte knapp ein Jahrhundert dauert, nachdem Victor Manuel II das Land 1870 geeint hat. In groben Zügen kann man sagen, dass die Küche des Nordens schmackhafter und aufwendiger ist und klare Einflüsse mitteleuropäischer Gastronomie aufweist, wie der deutschen oder der österreichischen.
Die nördlichen Regionen sind ebenso die Heimat der Risottos, der Gnocchi oder der Polenta. Auf den Weg in den Süden nehmen die ländliche Gastronomie und bekannte Elemente wie Olivenöl, Gemüse, Pasta und Pizza überhand. Im ganzen Land teilen sich Fleisch und Fisch den ersten Platz unter den alltäglichen Hauptgerichten. Bezüglich der Inseln weist Sardinien klare katalanische Einflüsse auf, während Sizilien wahrhaft mediterran ist.
Das typisch italienische Menü beginnt mit sogenannten Antipasti, was wörtlich „vor dem Essen" bedeutet. Es handelt sich um leichte Gerichte wie Salate, Wurstwaren, gegrilltes Gemüse oder im Süden verschiedene Arten von Suppen. Darauf folgt ein Zwischengericht mit Pasta, Reis oder Polenta, welches dem Fleisch oder Fisch mit Gemüse als Beilage vorausgeht. Als Abschluss gibt es Früchte der Saison oder eine klassische landestypische Nachspeise wie Tiramisu oder Eis, welches als das Beste der Welt angesehen wird. Wenn man sich für nur ein Gericht entscheidet, wählen die Italiener in den Trattorien Pasta oder Pizza.

Der Ursprung der Pasta

Trotz der gastronomischen Vielfältigkeit des Landes kommt man an Pasta nicht vorbei, die von Italienern in einer wesentlich höheren Menge als in allen anderen Ländern der Welt verzehrt wird: 28 Kilo pro Jahr und Person. Ihre Ursprünge sind sehr verwischt, da es sich als kompliziert herausstellt, festzulegen, welches Volk zuerst die Idee hatte, einen Teig aus Weizen und Wasser als Nahrungsmittel zu verwenden. Wie es scheint, haben bereits die Etrusker eine Art langer Teigstreifen, der Lasagne ähnlich, hergestellt. Ein Gericht, was auch den römischen Kaiser Cicero im 1. Jahrhundert vor Christus begeisterte. Diese Daten widerlegen die Theorie, dass Marco Polo die Pasta Ende des 13. Jahrhunderts von seiner Reise in den Orient mitgebracht hat.
Es existiert ebenso eine sonderbare Legende, die die Erfindung der Pasta einem Streit zwischen dem Feuergott Vulkan und der Göttin der Landwirtschaft Ceres zuschreibt. Nach dieser Geschichte riss der wütende Vulkan die Weizenkörner aus der Erde und zerstampfte sie mit einem riesigen Metallblock. Dieses Mehl warf er in den Vesuv und benetzte es zwischen Flammen und Vulkandampf mit dem Saft von Oliven und erhielt dadurch ein saftiges Gericht.
Die heutzutage am meisten akzeptierte Version ist jedoch, dass die Pasta als Nahrungsmittel in einem Ort in der Nähe von Palermo während der islamistischen Besatzung im 10. und 11. Jahrhundert auftauchte. In Trabia stellte man Pasta aus feinem Mehl her, die von der Form her den Makkaroni ähnelte und zu jener Zeit unter dem arabischen Wort „Itriyah“ bekannt war.
Während den folgenden Jahrhunderten verbreitete sich die Pasta praktisch in ganz Italien, auch wenn sich das Zentrum ihrer Herstellung in der Gegend von Neapel befand, genauer gesagt in Gragnano, wo man die Methode entdeckte, sie zu trocknen und zu konservieren, wodurch ihre industrielle Herstellung begann. Heutzutage gibt es Dutzende Arten von Pasta, die grundsätzlich unterteilt sind in lange Pasta, wie Fettucine, Lasagne oder Spaghetti;

in kurze wie Farfalle, Fusilli oder verschiedene Formen von Makkaroni; und kleine, die für Suppen verwendet werden. Jede dieser Varianten hat eine eigene Kochzeit, daher ist es kompliziert eine genaue Formel zu empfehlen, um eine Zubereitung „al dente“ zu erreichen, die durch den Punkt definiert ist, an dem die Pasta, der Reis oder das Gemüse weder zu weich, noch zu hart sind.

Die Form der Pasta bedingt ebenso ihre Beilage, obwohl es die generelle Regel ist, das Gericht nicht mit Sauce zu durchtränken, sondern nur die richtige Menge hinzuzufügen, um es zu würzen und zu verfeinern. Zu den beliebtesten Saucen zählen das Pesto, das aus Basilikum hergestellt wird und aus der Region Ligurien stammt; ebenso das Fleischragout, auch als Sauce Bolognese bekannt, oder die Sauce Carbonara. Gemeinsam mit der Pasta vervollständigen das Risotto und die Polenta die Trilogie aus Gerichten, die aus Getreide hergestellt sind. Der Reis wird hauptsächlich im Flusstal des Po und in der Region Lombardei angebaut und ist Hauptbestandteil des Risottos. Dies wird aus einem Typ Reiskorn hergestellt, welches Feuchtigkeit gut aufnehmen kann, ohne die Konsistenz zu verlieren. Dieses Gericht wurde in Mailand geboren und ist typisch für die nördlichen Regionen, auch wenn dessen Textur in den verschiedenen Gebieten variiert. Das dritte Gericht ist die Polenta, die aus Maismehl hergestellt wird. Üblicherweise begleitet sie Saucen und Frikassees undhat die Funktion, die in den anderen Ländern Europas dem Kartoffelpüree zuteil wird.

Die Pizza Napolitana

Ebenso wie die Pasta ist die Pizza ein weiteres einfaches und einfallsreiches Gericht und basiert darauf, alle möglichen Zutaten auf einem dünnen Mehlteig zu verteilen. Im Laufe der Geschichte wurden viele unterschiedliche Varianten dieses Gerichts von fast allen Zivilisationen übernommen. Aber die Ursprünge der wahrhaft italienischen Pizza darf man nicht vor dem 16. Jahrhundert suchen, in dem die Spanier eine bis dahin unbekannte Frucht einführten, die sich in der Küche aber bald als unverzichtbar erwies: die Tomate. Eine weitere geniale Kombination wichtiger Zutaten machte Ende des 18. Jahrhunderts die Kreation der Pizza Napolitana, wie man sie heute kennt, möglich. Dieses neue Gericht hatte

sofort Erfolg und man begann es in Straßenläden zu verkaufen, bis 1830 die erste Pizzeria eröffnete: Antica Pizzeria Port'Alba, die immer noch besteht. Auch wenn es sich um ein wenig raffiniertes Gericht handelt, überzeugte die Pizza auch die Führungsklassen der Epoche, wie die Königin Margarita selbst, Gattin des Humberto I, der ein Pizzabäcker aus Neapel die berühmte Pizza Margarita gewidmet hat, mit Zutaten, die die italienische Flagge darstellen: Tomate, Mozzarella und Basilikum. Gemeinsam mit der Pizza wartet die italienische Gastronomie mit anderen Gerichten auf, die auf herzhaften Brotteigen basieren. Das bekannteste ist der Brotfladen, ähnlich dem Pizzateig, aber etwas dicker und ohne Füllung, nur mit Kräutern, grobem Salz und in einigen Fällen mit Zwiebelstreifen gewürzt. Aus den zahlreichen Arten an Brot der italienischen Regionen sticht besonders das Ciabatta hervor, in Form eines Schuhs und mit harter und knuspriger Kruste, oder das Bruschetta, getoastetes Brot mit einer Knoblauchzehe eingerieben.

Die frischeste Speisekammer

Die Wichtigkeit, die Italiener dem Essen zuschreiben, äußert sich in einem stets frischen Lebensmittelvorrat. Durch das Interesse an saisonalen Produkten, die man fast täglich auf dem lokalen Markt einkauft, stellen sich die Hauptunterschiede zwischen den Regionen heraus. Im Norden angefangen sind der Piemont und das Tal von Aosta bergige Regionen, wo die Jagd vorherrscht und die Qualität des Käses hervorsticht. Unter den erlesensten Produkten befinden sich weiße Trüffel aus Alba, die man als Gewürz verwendet und Teil der „Fonduta", eine Art Fondue mit Fontina-Käse, sind. Ligurien bildet einen schmalen Küstenstreifen, in dem der Hafen von Genua liegt, der wichtigste Hafen Italiens. Die Gastronomie Liguriens basiert auf Fisch und konservierten Nahrungsmitteln: von Ravioli bis hin zu eingelegten Sardinen oder luftgetrocknetem Dorsch. Im Zentrum des Nordens befindet sich die Lombardei, wo man Reis und Mais anbaut, Gorgonzola, Mascarpone oder Taleggio herstellt und Kalbshaxe, üblicherweise mit mailändischem Risotto, serviert. Diese Region ist auch reich an Gebäck und Süßspeisen, wie Panettone aus Mailand und weißem Nougat aus Cremona. Der österreichische Einfluss ist im Trentino-Südtirol und in Friaul-Julisch Venetien offensichtlich, zwei sehr geschichtsträchtige Regionen, wo Wurst und Schinken typisch sind, wie der Speck oder der Prosciutto von San Daniele. Die bekannte Region Venetien birgt leidenschaftliche gastronomische Geschichten, dank der

wirtschaftlichen und politischen Bedeutung Venetiens während der Renaissance. Die Stadt der Kanäle war das Zentrum des Gewürzhandels mit Asien und dem Mittleren Orient, dadurch konnte sich eine Küche mit ihrem eigenen Stil entwickeln. Allerdings ist eine der beliebtesten Kreationen Venetiens das Tiramisu, eine berühmte Nachspeise mit untypischem Ursprung: Es wurde in den Bordellen geboren, um die Lust der Kunden zu steigern.

Das gastronomische Herz

Die Regionen Emilia-Romagna und Toskana stellen zweifelsohne das kulinarische Zentrum des Landes dar. Erstere produziert berühmte Lebensmittel wie den Parmaschinken, den Parmesan-Käse, bolognesischen Mortadella oder Balsamicoessig aus Modena. Dieser wird aus einer Mischung aus gegärten und jüngeren Essigen in Fässern aus verschiedenen Holzarten gewonnen. Der authentische Balsamicoessig aus Modena wird in einer exklusiven Flasche verkauft, die durch den berühmten Designer Giugiaro kreiert wurde. In der Toskana dominieren Fleischgerichte, aus denen das riesige Steak à la Florentina hervorsticht. In dieser Region, die als eine der schönsten der Welt bezeichnet wird, stellt man ebenso ein kalt gepresstes hochqualitatives Olivenöl her und typisch sind Brechbohnen und Artischocken. Im Osten der Toskana befinden sich Umbrien und die Marken, zwei fast unbekannte Regionen, wo Nebenprodukte vom Schwein und Wild typisch sind.

Das Latium, wo sich die Stadt Rom befindet, markiert die Grenze zwischen schmackhafter Gastronomie des Nordens und armer Küche des Südens, mit zahlreichen Gerichten aus Lamm und Rind.

Als Besonderheit sticht die Tendenz heraus, die Gerichte übermäßig zu würzen, ein Erbe der römischen Straße Via Salaria (Salzstraße), die die Stadt mit der Adria verband. Die bescheidene Verwendung von Zutaten, einfallsreich kombiniert, wiederholt sich in den Regionen der Abruzzen und Molise, wo man einige Hauptfabrikanten von Pasta findet; die Region Apulien, der Absatz des italienischen Stiefels, mit bemerkenswerten Antipasti aus Meeresfrüchten und Gemüse; Basilikata, wo eine Schweinewurst herausragt, die als Lukanerwurst bekannt ist; Kalabrien, wo der starke

Geschmack der Peperoni vorherrscht. Man sollte auch Kampanien, mit der Hauptstadt Neapel, erwähnen, wo sich die charakteristischsten Elemente der italienischen Küche vereinen: Tomate, Spaghetti, Mozzarella oder Pizza, die weltweit durch Emigranten aus dieser Region verbreitet wurden. Zuletzt stellen auch die Inseln eigene Charakteristiken dar. Sizilien durchlebte eine lange Geschichte aus Invasionen, durch die sich sehr unterschiedliche Gerichte entwickeln konnten, von Reis und Couscous, über ein außergewöhnliches Angebot an Süßspeisen, an Eis und Biskuit, bis hin zu Pasta mit Käse, eingemachtem Obst und Schokolade. Auf Sardinien basieren die Gerichte auf Lamm, Gemüse und Käse, während man immer noch den katalanischen Einfluss bei Schmorgerichten und dem Gebrauch von Safran beobachten kann.

Diese besondere gastronomische Reise kann auch zu Hause in unserer eigenen Küche enden, wo die Mehrzahl der Hauptzutaten der italienischen Gastronomie nicht fehlen wird. Mit den Zutaten zur Hand und bei so anregenden und einfachen Gerichten lohnt es sich, die zahlreichen Variationen einer der zugänglichsten internationalen Küchen weiter zu entdecken.

Und vergessen Sie nicht, die Mahlzeit mit einem guten abschließenden Café zu krönen.

Die beste Küche der Welt

Vorspeisen

Insalata caprese
Salat mit Tomaten und Mozzarella

Schwierigkeit: leicht
Vorbereitungszeit: 10 Minuten

Zutaten für 4 Personen:
4 Tomaten
250 g Büffelmozzarella Basilikum
schwarzer Pfeffer
Salz
Olivenöl virgen extra

Wein

Mit einem Weißwein ohne Holznote D.O.C. Fiano di Avellino (Kampanien) der Rebsorte Fiano servieren, oder mit einem Perlwein I.G.T. Peastum (Kampanien) der Rebsorte Malvasia oder Trebbiano, oder mit einem jungen, frischen, zarten, süßlichen Weißwein oder mit einem weißen Perlwein.

Die Tomaten und den Mozzarella in etwa 1 cm dicke Scheiben schneiden und den Teller abwechselnd damit belegen, wobei sich die Scheiben überdecken sollten. Frisch geschnittenen Basilikum und schwarzen frisch gemahlenen Pfeffer darüber streuen. Eine Prise Salz und reichlich Olivenöl virgen extra hinzugeben.

Auch wenn in Italien die Zone der Produktion von Mozzarella aus Wasserbüffelmilch von exzellenter Qualität in Kampanien liegt, stellt man diesen frischen und milden Käse ebenso in anderen Regionen Italiens her, wie im Latium und dem Gebiet Foggia in Apulien. Dennoch muss man erwähnen, dass aufgrund der großen Nachfrage und der knappen Produktion dieselbe Art von Käse auch aus Kuhmilch hergestellt wird, aber in diesem Fall dürfte er nicht Mozzarella, sondern Fiordellatte (Blume aus Milch) heißen.

Schwierigkeit: leicht
Vorbereitungszeit: 15 Minuten

Insalata di gorgonzola
Gorgonzola-Salat

Zutaten für 4 Personen:
Kopfsalat oder Chicorée
100 g Gorgonzola
200 ml Sahne
Olivenöl
Salz
Pfeffer
zerkleinerte Nüsse

Wein
Mit einem trockenen Weißwein D.O.C. Marsala Superiore Riserva (Sizilien) servieren, der hauptsächlich in der Rebsorte Grillo hergestellt wird, oder mit einem trockenen, körpervollen Wein mit natürlicher Reifung.

Den Salat oder Chicorée waschen und schneiden. Den Gorgonzola schlagen, bis er flüssig wird und mit der Sahne und dem Öl vermischen, bis sie sich zu einer Sauce verbinden. Diese salzen und pfeffern und auf den auf den Tellern vorbereiteten Salat geben. Man kann den Salat mit zerkleinerten Nüssen oder einem Stück Gorgonzola garnieren.

Der Gorgonzola charakterisiert sich durch seinen intensiven Geschmack und eine grüne Maserung, die durch einige Schimmelteilchen entsteht, die auf die verschiedenen Schichten der fettigen Sahne, mit der man diesen typisch italienischen Käse herstellt, aufgestäubt werden.

Insalata di rucola, parmigiano e pera
Salat mit Rucola, Parmesan und Birne

Schwierigkeit: leicht
Vorbereitungszeit: 15 Minuten

Zutaten für 4 Personen:
3 Bund Rucola
2 Birnen
Parmesan
Olivenöl
Salz
Balsamicoessig

Wein

Mit einem Weißwein ohne Holznote D.O.C. Isonzo del Friuli, hergestellt mit der Rebsorte Pinot Grigio, servieren oder mit einem Weißwein, der nicht zu kraftvoll, trocken, kompakt und mit Säurebiss ist.

Den Rucola waschen. Die Birnen in sehr dünne Scheiben schneiden und den Parmesan hobeln. Die Zutaten auf dem Teller in dekorativer Art und Weise anrichten, salzen, pfeffern und mit Olivenöl und Balsamicoessig abmachen.

Um diesem einfachen mediterranen Salat etwas Farbe zu verleihen, kann man einige rosa Pfefferkörner hinzufügen.

Schwierigkeit: leicht
Vorbereitungszeit: 15 Minuten
Kochzeit des Tintenfischs: 3 Stunden

Insalata di polpo
Tintenfischsalat

Zutaten für 4 Personen:
1 mittelgroßer Tintenfisch
1 Zwiebel
2 Bund Sellerie
2 Karotten
1 Knoblauchzehe
Champignons
Parmesan

Für das Dressing:
Zitronensaft
1 EL Öl
Pfeffer
Salz

Wein

Mit einem jungen ungegärten Weißwein D.O.C. Cinque Terre (Ligurien), mit der Rebsorte Bosco, Albarola und Vermentino hergestellt, servieren, oder mit einem jungen, nicht zu kraftvollen, vollmundigen und feingliedrigen Weißwein.

Den Tintenfisch mit der Zwiebel, dem Sellerie, den Karotten und dem Knoblauch in einem Topf drei Stunden lang kochen, bis er weich ist. Abkühlen lassen, die Haut abziehen und in sehr dünne Scheiben schneiden. Mit Hilfe einer zylindrischen Form den Salat folgendermaßen anrichten: abwechselnd eine Schicht Tintenfischscheiben und eine Schicht gereinigter und in Scheiben geschnittener Champignons. Das Gericht kann man mit Rucola, jeder Art von Salat und klein geschnittenen Tomaten vervollständigen. Für das Dressing vermengt man alle Zutaten und gießt es über den Salat. Zum Schluss gibt man einige Parmesanspäne dazu.

Typischer Salat aus Ligurien.

Schwierigkeit: leicht
Vorbereitungszeit: 15 Minuten
Kochzeit: 30 Minuten

Minestra di verdure
Gemüsesuppe

Zutaten für 4 Personen:
4 Kartoffeln
1 Bund Sellerie
1 ganze Zwiebel
4 Karotten
4 Tomaten
4 Zucchini
80 g magerer Speck
50 g Schweineschmalz
2 Knoblauchzehen
1 Prise Petersilie

Wein

Mit einem jungen Rotwein ohne Fasslagerung D.O.C. Dolcetto d'Alba (Piemont) der Rebsorte Dolcetto servieren, oder mit einem jungen, feingliedrigen und äußerst fruchtigen Rotwein.

Mit dem Schweineschmalz den klein gehackten Knoblauch und die Petersilie leicht anbraten. Danach die Kartoffeln, den Sellerie, die Zwiebel, die Karotten, die Tomaten und die geschälten, in gleiche Stücke gewürfelten Zucchini hinzugeben. Ein Stück Speck hinzufügen und Wasser hinzugießen, bis die Zutaten bedeckt sind. Kochen bis das Gemüse weich ist.

In dieses einfache Suppenrezept passt auch folgendes und anderes Gemüse: grüne Bohnen, Porree, Artischocken, etc.

Schwierigkeit: mittel
Vorbereitungszeit: 20 Minuten
Kochzeit: 2 Stunden

Zuppa di fagioli
Bohnensuppe

Zutaten für 4 Personen

400 g Feuerbohnen (fagioli borlotti)
2 Karotten
2 Bund Sellerie
1 Zwiebel
Schweinespeck
Olivenöl
Pfeffer
Salz

Wein

Mit einem gegärten Rotwein D.O.C.G. Chianti Classico (Toskana), hauptsächlich mit der Rebsorte Sangiovese hergestellt, servieren, oder mit einem Rotwein D.O.C.G. Bardolino Classico Superiore (Venetien), hergestellt mit der Rebsorte Rondinella und Molinara, oder mit einem kompakten, ehrlichen Rotwein mit Säurebiss.

Die Feuerbohnen zwölf Stunden lang in reichlich Wasser einweichen lassen. Danach die Bohnen, die Karotten und den Sellerie mit etwas Öl in einer Kasserolle anbraten und salzen und pfeffern. Die Zutaten mit Wasser bedecken und bei niedriger Flamme einige Stunden lang kochen lassen. Danach alles durch ein konisches Sieb gießen.

Mit einem Schuss Öl und mit Toastbrot serviert ist diese Suppe äußerst köstlich.

Schwierigkeit: mittel
Vorbereitungszeit: 15 Minuten
Kochzeit: 20 Minuten

Zuppa di cipolle
Zwiebelsuppe

Zutaten für 4 Personen:

160 g Zwiebeln
100 g Butter
20 g Mehl
1 l Gemüsebrühe
8 Scheiben Brot
30 g geriebener Parmesan

Wein

Mit einem Weißwein servieren, der nicht im Fass gegärt wurde, D.O.C. Colli Orientali del Friuli (C.O.F.) oder D.O.C. Alto Adige, hergestellt mit der Rebsorte Pinot Bianco, oder mit einem vollmundigen, körperreichen, rassigen Weißwein.

Die Zwiebeln in Scheiben schneiden und in Butter anbraten bis sie Farbe bekommen. Mehl hinzufügen und umrühren. Danach die Brühe dazugeben und die Suppe ca. 15 Minuten lang kochen lassen. Währenddessen ebenso die Brotscheiben in Butter anbraten, auf Küchenpapier legen und mit dem geriebenen Parmesan bestreuen. Wenn die Suppe fertig ist, servieren und die Toastscheiben darauf legen.

Eine ausgezeichnete Möglichkeit, diese Suppe weiter zu verfeinern, ist, die Suppe im Ofen zu gratinieren, bis der Parmesan eine goldene Farbe annimmt.

Schwierigkeit: leicht
Vorbereitungszeit: 20 Minuten
Kochzeit: 10 Minuten

Melanzane alla parmigiana
Auberginenauflauf

Zutaten für 4 Personen:
2 Auberginen
200 g Mozzarella
4 Tomaten
50 g geriebener Parmesan
100 g Tomatensauce
Basilikum

Wein

Mit einem ungegärten Rosé-Wein D.O.C. Salice Salentino (Apulien), hergestellt aus der Rebsorte Negroamaro und Malvasia Nera, servieren, oder mit einem ungegärten Weißwein D.O.C. Colli Bolognesi (Emilia-Romagna), der Rebsorte Pignoletto, oder mit einem jungen, frischen, fröhlichen, süffigen, ungegärten Weißwein.

Die Auberginen in Scheiben schneiden und in einer Pfanne mit Antihaftbeschichtung ohne Öl anbraten, bis sie außen leicht angebräunt und innen weich sind. Einen Blätterteig mit abwechselnd Auberginen, Tomatenscheiben, einem Esslöffel Tomatensauce mit einer Prise Basilikum, Mozzarellascheiben und geriebenem Parmesan zubereiten. Danach ca. 10 Minuten im Ofen bei 160-170 °C garen und nach Belieben würzen.

Dieses Gericht ist ein typisches Rezept des gesamten „Mezzogiorno“ Italiens, sozusagen des Südens des Landes. Auch wenn die Grundzutaten immer dieselben sind, gibt es Gebiete, in denen dieses Gericht mit anderen Arten von Käse anstatt mit Mozzarella hergestellt wird, beispielsweise mit dem typischen Parmesan, der dem Gericht seinen Namen gibt.

Carciofi con spugnole in salsa di tartufi
Artischocken mit Morcheln in Trüffelsauce

Schwierigkeit: leicht
Vorbereitungszeit: 30 Minuten
Kochzeit: 30 Minuten

Zutaten für 4 Personen:
8 Artischocken
100 g Spitzmorcheln (Morchella conica)
2 Knoblauchzehen
1 mittelgroße Zwiebel

Für die Sauce:
250 ml Sahne
20 g Pastete aus schwarzen Trüffeln
20 g frische Gänseleberpastete
2 Gläser Weißwein
1 EL Tomatensauce

Wein

Mit einem jungen ungegärten Weißwein D.O.C. Alcamo (Sizilien), mit der Rebsorte Catarratto, Grecanico, Damaschino und Trebbiano, servieren oder mit einem Weißwein D.O.C. Melissa (Kalabrien), mit der Rebsorte Trebbiano und Malvasia Blanca, oder mit einem körperreichen, dichten Weißwein oder ebenso mit einem leichten, frischen und leicht fruchtigen Weißwein.

Die Artischocken schälen und waschen und die Enden der Blätter abschneiden. In reichlich Wasser mit Zitronensaft kochen und aushöhlen. Gleichzeitig kocht man die Pilze zusammen mit dem Knoblauch und der Zwiebel in Wasser. Falls die Pilze getrocknet sind, vorher einweichen. Wenn die Artischocken und die Pilze fertig sind, setzt man eine Kasserolle auf und gibt den Weißwein, die Trüffelpastete, die Gänseleberpastete, die Tomatensauce und die Sahne hinein. Die Sauce aufkochen lassen, einige Momente verdicken lassen und durch ein feines Sieb seihen. Zuletzt die Artischocken mit den Morcheln füllen und die Sauce zusammen mit dem Rest der Pilze darüber geben. Das Gericht im Ofen gratinieren, um es heiß zu servieren

Es ist wichtig, die Artischocken mit Zitronensaft zu kochen, damit sie nicht oxidieren und ein ansprechendes Aussehen des Gerichts garantiert wird.

Schwierigkeit: leicht
Vorbereitungszeit: 15 Minuten
Kochzeit: 30 Minuten

Mousse di melanzane
Mousse aus Auberginen

Zutaten für 4 Personen:
1 kg Auberginen
10 ml Olivenöl
10 ml Essig
Pfeffer
Salz

Wein

Mit einem trockenen Weißwein ohne Fassgärung D.O.C. Colli Orientali del Friuli der Rebsorte Picolit servieren, oder mit einem trockenen, rassigen, kraftvollen Weißwein.

Die Auberginen im Ofen braten, abkühlen lassen und schälen. Danach mit dem Öl, dem Essig und etwas Salz und Pfeffer in den Mixer geben. Das Mousse lauwarm oder kalt servieren.

Dieses Gericht wird noch köstlicher, wenn man die Auberginen auf dem Grill brät.

Schwierigkeit: leicht
Vorbereitungszeit: 10 Minuten
Kochzeit der Pilze: 5 Minuten

Speck con funghi
Speck mit Pilzen

Zutaten für 4 Personen:
200 g Speck
120 g verschiedener Pilze
Öl

Wein

Mit einem Schaumwein mit mittlerer Gärung D.O.C.G. Franciacorta (Lombardei), hergestellt mit der Rebsorte Chardonnay, Pinot Bianco und Pinot Nero, servieren, oder mit einem Weißwein D.O.C. Alto Adige, mit der Rebsorte Traminer Aromatico, oder mit einem frischen Schaumwein mit kurzer Reifung, oder mit einem würzigen, frischen Schaumwein mit einem bitteren, eleganten Abgang.

Den Speck in dünne Streifen schneiden, maximal zwei Millimeter dick. Zusammenlegen, eine Blume formen und auf einem Holzbrett oder einem Teller anrichten. Die Pilze putzen, in einer Pfanne mit etwas Öl leicht anbraten und mit ihnen in die Mitte der Speckblumen eine Kuppel formen.

Der Speck ist ein typisches Produkt aus Südtirol.

Die beste Küche der Welt

Reis, Pasta und Pizza

Schwierigkeit: leicht
Vorbereitungszeit: 5 Minuten
Kochzeit: 15 Minuten

Spaghetti aglio e olio
Spaghetti mit Knoblauch und Öl

Zutaten für 4 Personen:
320 g Spaghetti
4 Knoblauchzehen
Peperoni (oder scharfe Paprika)
Petersilie
50 ml Olivenöl

Für die Pasta:
320 g Mehl
3 Eier
1 g feines Salz

Wein
Mit einem Rotwein mit mittlerer Reifung D.O.C. Aglianico del Vulture (Basilikata), mit der Rebsorte Aglianico, servieren, oder mit einem körperreichen, rassigen Rotwein mit mittlerer Reifung.

Für die Pasta das Mehl auf die Arbeitsfläche sieben, einen Haufen formen und in der Mitte eine Mulde machen. Dort die Eier und eine Prise Salz hineingeben. Das Mehl vom Rand her einarbeiten und kneten, bis ein fester Teig entsteht. Etwa 15 Minuten weiter kneten, bis der Teig formbar wird. Den Teig in ein feuchtes Tuch einwickeln und mindestens eine Stunde lang ruhen lassen. Danach mit einem Nudelholz den Teig ausrollen, nun kann man fortfahren, verschiedene Arten von Pasta herzustellen, in diesem Fall Spaghetti.

Den Knoblauch in dünne Scheiben schneiden, die Peperoni klein hacken und beides in einer Pfanne anbraten; wenn der Knoblauch goldbraun ist, die Pfanne vom Herd nehmen und beiseitestellen. Die Spaghetti in reichlich Salzwasser kochen, bis sie al dente sind, abseihen und bei starker Flamme leicht anbraten. Servieren und etwas frisch gehackte Petersilie darüber streuen.

Es ist unmöglich eine feste Kochzeit für Pasta festzulegen, da diese von der Größe der Pasta abhängt und ob sie frisch oder trocken ist; man sollte immer versuchen, sie al dente zu kochen, d.h. außen weich und innen etwas hart. Die beste Art und Weise festzustellen, ob sie diesen Punkt erreicht hat, ist sie einfach zu probieren. Sollte in der Pfanne zu viel Öl sein, wenn man die Pasta anbrät, kann man einfach etwas Semmelbrösel hinzugeben.

Trofie con tocco di carne e pesto
Trofie mit einem Hauch von Fleisch und Pesto

Schwierigkeit: leicht
Vorbereitungszeit: 2 Stunden
Kochzeit: 15 Minuten

Zutaten für 4 Personen:
320 g Trofie aus Hartweizen
50 g Pesto
150 g Sauce Bolognese
30 g Butter

Für das Pesto:
4 Bund Basilikum
20 g Pinienkerne
25 g Parmesan
25 g de Schafskäse
1 Tasse Öl
6 ml Wasser
Salz
1 Knoblauchzehe (optional)

Für die Sauce Bolognese:
1/2 Glas Öl
1/2 Zwiebel
200 g Rinderhack
1 EL trockene Pilze
2 reife Tomaten
40 g Parmesanpulver
40 g Butter

Wein

Mit einem reifen Weißwein ohne Fassgärung D.O.C. Colli di Luni (Ligurien), mit der Rebsorte Vermentino, servieren, oder mit einem trockenen, aromatischen, gehaltvollen, würzigen Weißwein.

Zuerst die Sauce und das Pesto zubereiten. Für den „Hauch von Fleisch“ macht man eine Sauce Bolognese (Ragout á la Bolognese). Die klein gehackte Zwiebel in einer Pfanne anbraten. Wenn sie goldbraun wird, das Rinderhack und die zerstoßenen Pilze dazugeben. Mit etwas Rotwein benetzen, die Tomate hinzufügen und bei kleiner Flamme 1,5 Stunden köcheln lassen. Für das Pesto den Basilikum waschen und gemeinsam mit den Pinienkernen, dem Knoblauch (optional) und etwas Salz durch die Hackmaschine drehen. Nach und nach die Käsesorten dazugeben und danach das Olivenöl, bis eine gleichförmige Paste entsteht. Zuletzt arbeitet man das Wasser mit ein.

Die Pasta in reichlich Salzwasser kochen bis sie al dente ist, abseihen, in die Pfanne mit der Sauce Bolognese geben und etwas Butter hinzufügen. Die Pasta und die Sauce gut vermischen und nach dem Servieren einen Esslöffel Pesto dazugeben.

> Bei diesem Rezept kann man das Verhältnis der Zutaten verändern, und mehr Pesto als Sauce Bolognese verwenden, je nach Geschmack der Tischgäste.

Maccheroni alla puttanesca
Makkaroni mit Peperoni und schwarzen Oliven

Schwierigkeit: leicht
Vorbereitungszeit: 15 Minuten
Kochzeit: 10 Minuten

Zutaten für 4 Personen:
320 g Makkaroni
200 g Tomatensauce
100 g schwarze entkernte Oliven
50 g Schafskäse
4 Knoblauchzehen
1 EL Oregano
Salz
Peperoni
Petersilie

Wein

Mit einem Rotwein mit Fassgärung D.O.C. Montepulciano d'Abruzzo (Abruzzen), mit der Rebsorte Montepulciano, servieren, oder mit einem kompakten, ausgewogenen, frischen Rotwein mit Fassgärung.

Die Peperoni und den in Scheiben geschnittenen Knoblauch in einer Pfanne mit Öl leicht anbraten. Danach die Tomatensauce, den Oregano und die Oliven dazugeben. Gleichzeitig die Pasta in reichlich Salzwasser kochen, bis sie al dente sind, abseihen, und in die Pfanne geben. Kräftig die Zutaten verrühren, die Pfanne vom Feuer nehmen, und geriebenen Käse hinzufügen.

Der Ursprung dieses Rezepts scheint in Rom zu liegen, eine Stadt, über die man sagt, dass dort die Leidenschaft zur Pasta alle Rekorde bricht.

Bucatini alla bottarga e sedano
Bucatini mit getrocknetem Thunfisch und Sellerie

Schwierigkeit: mittel
Vorbereitungszeit: 10 Minuten
Kochzeit: 15 Minuten

Zutaten für 4 Personen:
320 g Bucatini
1 ml Olivenöl
2 Bund Sellerie
200 g getrockneter Thunfisch
1 Glas Weißwein
Salz

Wein

Einen Weißwein mit langem Abgang und Fasslagerung D.O.C. Vernaccia di Oristano (Sardinien), mit der Rebsorte Vernaccia, servieren, oder mit einem trockenen, rassigen, reifen Weißwein mit natürlicher Gärung.

Die Hälfte des getrockneten Thunfischs klein hacken und beiseitestellen. Die Zwiebel klein hacken und in einer Pfanne bei mittlerer Flamme anbräunen. Wenn die Zwiebel halb gar ist, den klein geschnittenen Sellerie, den getrockneten Thunfisch und ein Glas Weißwein hinzufügen. Köcheln lassen, bis der Alkohol verdampft ist. Die Pasta in reichlich Salzwasser kochen, bis sie al dente ist, abseihen und in die Pfanne geben. Umrühren, bis sie gut mit der Sauce getränkt ist.

Dies ist ein typisches Gericht aus Sardinien, wo der getrocknete Thunfisch ein sehr beliebtes Produkt ist.

Paccheri con vongole, rucola e formaggio di capra
Paccheri mit Muscheln, Rucola und Ziegenkäse

Schwierigkeit: mittel
Vorbereitungszeit: 20 Minuten
Kochzeit: 20 Minuten

Zutaten für 4 Personen:

300 g Paccheri
200 g Tomaten aus Sorrent
1/2 kg Muscheln
4 EL Olivenöl
1 Bund Rucola
100 g frischer Ziegenkäse
2 Knoblauchzehen
Salz
gehackte Petersilie

Wein

Mit einem im Fass fermentierten Weißwein I.G.T. Val di Neto (Kalabrien), mit der Rebsorte Mantonico, servieren, oder mit einem im Fass fermentierten, würzigen, körperreichen, frischen Weißwein.

Die Pasta in reichlich Salzwasser kochen. Die Knoblauchzehen in der Pfanne mit Öl anbraten, die Tomaten und im letzten Moment die Muscheln dazugeben, die sich öffnen. Wenn die Paccheri gekocht sind, abseihen und in die Pfanne geben. Einige Momente umrühren, servieren und mit Rucola garnieren.

Dies ist ein typisches Gericht aus Kalabrien.

Schwierigkeit: leicht
Vorbereitungszeit: 10 Minuten
Kochzeit: 10 Minuten

Penne alla cilentana
Penne á la Cilentana

Zutaten für 4 Personen:
320 g Penne
120 g gewürfelte Kartoffeln
120 g Speck
80 g Tomaten aus Sorrent
1 mittlere Zwiebel
Olivenöl
Parmesan

Wein

Mit einem Rotwein mit kurzer Fasslagerung D.O.C. Cilento (Kampanien), mit der Rebsorte Aglianico und Piedirosso, servieren, oder mit einem kurz gelagerten, delikaten Rotwein.

Die Kartoffelwürfel in einer Kasserolle mit Wasser aufs Feuer stellen und aufkochen. Die Pasta hinzufügen und kochen, bis sie al dente ist. Währenddessen die gehackte Zwiebel mit den Speckstreifen und den Tomaten in einer Pfanne anbräunen. Wenn die Pasta fertig ist, abseihen, in die Sauce geben und mit etwas geriebenen Parmesan bestreuen.

Nach dem Kochen übergießt man in Italien die Pasta niemals mit Wasser, da dadurch die Stärke verloren geht und sich die Sauce nicht mit der Pasta verbinden kann. Dies ist ein typisches Gericht der Costiera Cilentana in Kampanien.

Schwierigkeit: mittel
Vorbereitungszeit: 15 Minuten
Kochzeit: 10 Minuten

Panzerotti con salsa di noci
Ravioli mit Nuss-Sauce

Zutaten für 4 Personen:

450 g frische Ravioli mit Gemüse-Käse-Füllung
100 g Nüsse
1 Knoblauchzehe
15 g in Milch eingeweichte Brotkrumen
25 g Schafkäse
20 g Olivenöl
40 g Butter
Rucola
Salz

Wein

Mit einem gegärten Rotwein D.O.C. Cannonau di Sardegna (Sardinien), mit der Rebsorte Cannonau (Garnacha), servieren, oder mit einem aromatischen, kompakten, feinen, freundlichen Rotwein mit keinem allzu hohen Tanningehalt.

Die zerhackten Nüsse und den Knoblauch eine Minute lang blanchieren. Danach mit den anderen Zutaten vermischen, salzen, pfeffern, durch die Hackmaschine drehen und in einer Kasserolle beiseitestellen. Die Pasta kochen, bis sie al dente ist, und ziemlich wässrig zur Sauce geben. Alles gut vermischen und sofort mit etwas gehacktem Rucola servieren.

> Mit dieser exzellenten Sauce kann man auch andere gefüllte Pasta perfektionieren.

Schwierigkeit: leicht
Vorbereitungszeit: 10 Minuten
Kochzeit: 10 Minuten

Tagliatelle al tartufo nero
Tagliatelle mit schwarzen Trüffeln

Zutaten für 4 Personen:

320 g Tagliatelle auf getrockneten Eiern
200 ml Gemüsebrühe
50 g Butter
30 g Sekt
25 g schwarze Trüffel
1 Zwiebel
1 EL Olivenöl

Wein

Mit einem Weißwein mit kurzer Fasslagerung D.O.C. Verdicchio dei Castelli di Jesi (Marken), mit der Rebsorte Verdicchio, servieren, oder mit einem trockenen, würzigen, intensiven, körperreichen, rassigen Weißwein.

Die Pasta kochen, ohne dass sie al dente wird. Währenddessen in einer Kasserolle die gehackte Zwiebel und die filetierten schwarzen Trüffel mit Butter und Öl leicht anbraten. Danach den Sekt hinzufügen und köcheln lassen, bis der Alkohol verdampft ist. Dann die Gemüsebrühe und die gekochte Tagliatelle hinzufügen. Zwei bis drei Minuten weiterkochen lassen. Nach dem Servieren kann man noch etwas mehr filetierte Trüffel auf die Pasta streuen.

In Italien ist die Hauptstadt der geschätzten schwarzen Trüffel Norcia in Umbrien, während im Piemont und in der Toskana die weiße Trüffel dominiert. Die schwarze Variante ist sehr vielseitig und findet in der Küche viele Anwendungen, während weiße Trüffel ausschließlich roh gegessen werden.

Schwierigkeit: leicht
Vorbereitungszeit: 10 Minuten
Kochzeit: 20 Minuten

Parpadelle alla Norma
Parpadelle mit Auberginen

Zutaten für 4 Personen:
320 g Parpadelle
200 ml Gemüsebrühe
2 Tomaten
2 Knoblauchzehen
1 Aubergine
1 TL Paprikapulver
60 g Büffelmozzarella
20 ml Öl
Oregano

Wein

Mit einem Weißwein ohne Fasslagerung D.O.C. Verdicchio di Matellica, mit der Rebsorte Verdicchio, servieren, oder mit einem trockenen, frischen, kräftigen Weißwein mit einigen intensiven Blumen- und Gewürzaromen.

Die Aubergine schneiden und mit wenig Öl in einer Pfanne mit Antihaftbeschichtung anbraten, bis sie gut gebräunt ist. Den gehackten Knoblauch und das Paprikapulver hinzufügen. Sofort die gehäutete klein gehackte Tomate dazugeben und die Sauce einige Minuten kochen lassen. Die Pasta kochen und, bevor sie al dente ist, abseihen. Die Pasta und die Gemüsebrühe zur Sauce hinzufügen und fertig kochen. Die Flamme abstellen, den gewürfelten Mozzarella und den Oregano hinzugeben und kräftig umrühren.

Es ist wichtig, die Form der Pasta beim Schneiden der Aubergine zu berücksichtigen, da sie sich so besser vermischen und in ästhetischer Hinsicht mehr Spielraum bieten. Dies ist ein typisches Gericht aus den Marken.

Schwierigkeit: mittel
Vorbereitungszeit: 10 Minuten
Kochzeit: 15 Minuten

Linguine all'astice
Linguine mit Hummer

Zutaten für 4 Personen:

320 g Linguine
240 g Tomaten aus Sorrent
2 Hummer
1 Knoblauchzehe
10 ml Olivenöl
Petersilie

Wein

Mit einem Wein ohne Fassgärung D.O.C. Costa D'Amalfi (Kampanien) oder Penisola Sorrentina (Kampanien), mit der Rebsorte Falanghina, Biancolella und Greco Bianco, servieren, oder mit einem leichten, fruchtigen, süffigen Weißwein.

Die Pasta in reichlich Wasser mit einer Prise Salz etwa sieben bis acht Minuten kochen, oder bis sie al dente ist. Gleichzeitig den Hummer in Salzwasser etwa sieben bis acht Minuten abbrühen. Eine Pfanne mit Öl aufs Feuer stellen, den gehackten Knoblauch anbräunen und die Tomaten dazugeben. Wenn die Pasta fertig ist, abseihen und kurz in die Pfanne geben, damit sie von Öl umgeben ist. Zusammen mit einem halben Hummer pro Portion servieren.

Dieses einfache und zugleich imposante Rezept ist ein typisches Gericht der Amalfiküste in Kampanien.

Schwierigkeit: leicht
Vorbereitungszeit: 10 Minuten
Kochzeit: 15 Minuten

Spaghetti alla trevigiana
Spaghetti nach Treviser Art

Zutaten für 4 Personen:
320 g Spaghetti
100 g Speck
4 Eigelbe
10 ml Olivenöl
40 g Zwiebel
1 Bund Rucola
4 Blätter Radicchio
Parmesan
schwarzer Pfeffer
Salz

Wein

Mit einem im Fass gegärten Rotwein D.O.C. Colli Orientali del Friuli, mit der Rebsorte Pignolo, servieren, oder mit einem körperreichen, aromatischen, rassigen, tanninhaltigen Rotwein.

Die Spaghetti in reichlich Salzwasser kochen. Währenddessen in einer Pfanne die gehackte Zwiebel mit etwas Öl anbräunen, bei mittlerer Kochzeit den in feine Streifen geschnittenen Speck hinzufügen. Wenn die Pasta fertig ist, abseihen, sofort in die Pfanne geben und mit dem Rest der Zutaten anbraten. Danach die Eigelbe in die Pfanne oder auf den Teller geben und mit der Pasta vermischen, bis sie anfangen zu gerinnen. Zum Schluss je nach Geschmack Parmesan darüber streuen.

Dieses Rezept ohne Zwiebel, Rucola und Radicchio ist als Spaghetti Carbonara bekannt.

Schwierigkeit: mittel
Vorbereitungszeit: 10 Minuten
Kochzeit: 10 Minuten

Ravioli alla napoletana
Ravioli á la Napolitan

Zutaten für 4 Personen:
320 g Pasta
250 g Fleischfüllung
50 g Butter
100 g geriebener Parmesan
Tomatensauce

Wein

Mit einem Rotwein ohne Fassgärung D.O.C. Vesuvio Lacryma Christi (Kampanien), mit der Rebsorte Piedirosso, Sciascinoso und Aglianico, servieren, oder mit einem jungen Rotwein D.O.C. Alto Adige, mit der Rebsorte Schiava (Kalterer See), oder mit einem jungen, leichten, sanften, fruchtigen Rotwein mit geringem Tanningehalt.

Die Pasta selbst machen (siehe Spaghetti aglio e olio) und zuerst die Fleischfüllung in einem Gefäß nach Geschmack würzen und kurz mit einem Bratwender oder Holzlöffel verrühren. Die Pasta etwa drei Millimeter dick ausrollen und daraus so viele Quadrate wie möglich in der gewünschten Größe ausschneiden. In die Mitte jedes Quadrats etwas Füllung geben, mit einem anderen Quadrat zudecken und darauf achten, dass die Quadrate genau übereinander liegen und die Ränder geschlossen sind. Wenn man über einen Ravioli-Schneider verfügt, die vier Seiten in dem charakteristischen dreieckigen Muster schneiden. Danach in reichlich Salzwasser kochen, bis sie al dente sind, abseihen und auf den Teller geben. Geschmolzene Butter, und Tomatensauce darüber geben und mit etwas geriebenem Parmesan bestreuen.

Die Sauce Napolitana ist die einfachste Pastasauce in der italienischen Küche.

Gnocchi di patate ai quattro formaggi
Gnocci aus Kartoffeln mit Vierkäsesauce

Schwierigkeit: mittel
Vorbereitungszeit: 30 Minuten
Kochzeit: 15 Minuten

Zutaten für 4-6 Personen:

600 g mehlige Kartoffeln
200 g Mehl
100 g Butter
2 Eigelbe

Für die Vierkäsesauce:

150 g Gorgonzola
100 g Asiago
100 g Parmesan
100 g Taleggio
200 ml Sahne
Milch

Wein

Mit einem jungen, ungegärten Rotwein D.O.C. Rosso Piceno (Marcas), mit der Rebsorte Montepulciano, servieren, oder mit einem körpervollen, freundlichen, harmonischen, leicht tanninhaltigen Rotwein.

Die Kartoffeln waschen, kochen und schälen, solange sie noch heiß sind. Diese zerstampfen und mit dem Mehl und den Eigelben vermischen. Den Teig kneten, und wenn er gleichförmig ist, in vier oder fünf gleiche Portionen aufteilen und daumendicke Röllchen machen. In drei bis vier Zentimeter lange Stücke zerteilen und über eine Gabel rollen, um die charakteristische Form dieser Pasta zu erhalten. Danach in reichlich Wasser mit viel Salz kochen.

Für die Sauce, die verschiedenen Käsesorten würfeln und bei kleiner Flamme in einen Kochtopf geben. Wenn der Käse anfängt zu schmelzen, etwas Sahne dazugeben und umrühren, bis eine dicke, homogene Sauce ohne Klümpchen entsteht, gegebenenfalls mehr Sahne oder Milch hinzufügen.

Für die Sauce kann man unterschiedliche Arten von Käse kombinieren und erhält ebenso ausgezeichnete Ergebnisse.

Schwierigkeit: mittel
Vorbereitungszeit: 2 Stunden
Kochzeit: 25 Minuten

Lasagne alla bolognese
Lasagne Bolognese

Zutaten für 4 Personen:
280 g Lasagneplatten

Für die Sauce Bolognese:
200 g Rinderhack
1/2 Glas Öl
1/2 Zwiebel
1 EL getrocknete Pilze
2 reife Tomaten
40 g Parmesanpulver
40 g Butter

Für die Sauce Béchamel:
350 ml Milch
3 EL Butter
3 EL Mehl
Pfeffer
Salz

Wein

Mit einem gegärten und körpervollen Rotwein D.O.C. Sangiovese di Romagna (Emilia-Romagna), mit der Rebsorte Sangiovese, servieren oder mit einem körpervollen, tanninhaltigen, reifen Rotwein mit Fassgärung.

Die Sauce Bolognese zubereiten (siehe Trofie tocco e pesto). Danach die Sauce Béchamel zubereiten, indem man die Zutaten in einem Kochtopf erhitzt und ständig umrührt. Die Lasagneplatten (ca. 6 cm mal 8 cm groß) mit Butter einreiben und den Boden einer Auflaufform auslegen. Danach mit einer nicht allzu dicken Schicht Béchamel bedecken und anschließend abwechselnd Pasta, Sauce Bolognese, Parmesan und Bechamel stapeln bis die Form voll ist. Die letzte Schicht mit Parmesan bestreuen. Zum Schluss ein paar Butterstückchen auf den Käse geben und die Lasagne im Ofen bei 200 °C zwanzig Minuten lang backen.

Traditionelles Gericht aus der Emilia-Romagna, das sehr schmackhaft und reich an Proteinen ist.

Schwierigkeit: mittel
Vorbereitungszeit: 30 Minuten
Kochzeit: 25 Minuten

Cannelloni
Cannelloni

Zutaten für 4 Personen:
280 g Cannelloni
Tomatensauce

Für die Füllung:
160 g Kalbshackfleisch
1/2 Zwiebel
1 EL Olivenöl
16 g Butter
1 Tomate
1 Eigelb
200 g geriebener Parmesan

Wein

Mit einem im Fass gegärten Rotwein D.O.C. Rosso Conero (Marken), mit der Rebsorte Montepulciano, oder einem körperreichen, kräftigen, fruchtigen Rotwein mit mittlerer Reifung und einem Hauch von Härte.

Die Pasta in reichlich Salzwasser ein paar Minuten lang kochen. Wenn sie abgekühlt ist, mit einem Küchentuch trocknen.

Für die Füllung leicht die Zwiebel in Öl und Butter anbraten, wenn sie weich wird, das Hackfleisch und danach die Tomatensauce hinzugeben. Zum Schluss den Parmesan und das Eigelb hinzufügen, salzen und pfeffern. Dann die Cannelloni füllen und schließen, mit Béchamel und etwas geriebenem Parmesan bedecken und im Ofen 15-20 Minuten lang überbacken, bis ihre Kruste goldbraun ist.

Die Pasta kocht man immer in einem großen Topf mit reichlich Wasser, damit sie sich frei bewegen kann und nicht zusammenklebt. Für gewöhnlich nimmt man einen Liter Wasser für hundert Gramm Pasta, die man immer in den Topf gibt, sobald das Wasser kocht.

Schwierigkeit: mittel
Vorbereitungszeit: 10 Minuten
Kochzeit: 15 Minuten

Risotto al limone
Zitronen-Risotto

Zutaten für 4 Personen:
250 g Reis
500 ml Gemüsebrühe
50 ml trockenen Weißwein
40 g Butter
40 ml Olivenöl
40 g Eigelb
40 g Parmesan
Saft einer Zitrone
1 Zwiebel
Salz
Pfeffer

Wein

Mit einem jungen, lebendigen, ungegärten Rotwein D.O.C. Ol trepò Pavese (Lombardei), mit der Rebsorte Bonarda, servieren, oder mit einem Weißwein D.O.C. Alto Adige (Südtirol), mit Gewürztraminer, oder einem jungen, frischen, fruchtigen Rotwein.

Den Reis in einer Pfanne mit etwas Olivenöl leicht anbraten, die klein gehackte Zwiebel hinzufügen und ein paar Minuten weiterbraten. Bei reduzierter Flamme den Weißwein hinzugeben. Wenn der Alkohol verdampft ist, die Gemüsebrühe nach und nach hinzufügen und den Reis etwa fünfzehn Minuten lang fertig kochen. Die Butter hinzugeben, vom Feuer nehmen, Zitronensaft und Eigelbe hinzufügen und kräftig verrühren. Zum Schluss geriebenen Parmesan darüber streuen.

Das Geheimnis eines guten Risotto ist, kontinuierlich den Reis mit der richtigen Menge Brühe zu benetzen. Wenn der Reis trocken ist, muss man etwas mehr Flüssigkeit zugeben, gerade um ihn zu bedecken. In der mailändischen Küchentradition verzehrt man den Reis „all'onda", d.h. ziemlich weich, und früher wurde der Reis immer mit Löffel gegessen.

Schwierigkeit: mittel
Vorbereitungszeit: 10 Minuten
Kochzeit: 20 Minuten

Risotto alla zucca
Risotto mit Kürbis

Zutaten für 4 Personen:

4 Tassen Reis
400 g Kürbis
2,5 l Fleischbrühe
200 g Speck
1 mittlere Zwiebel
6 EL Olivenöl
80 g Provola-Käse

Wein

Mit einem jungen, ungegärten Weißwein D.O.C. Erbaluce di Caluso (Piemont), mit der Rebsorte Erbaluce, servieren, oder mit einem Weißwein D.O.C. Collio Riesling Itálico (Friuli), mit der Rebsorte Riesling, oder einem leichten, blumigen, trockenen, rassigen Weißwein.

Die gehackte Zwiebel in Olivenöl anbraten. Bei mittlerer Kochzeit den in dünne Streifen geschnittenen Speck und den gewürfelten Kürbis hinzufügen. Wenn der Kürbis weich ist, den Reis in die Pfanne geben und eine Minute lang braten. Danach die Brühe nach und nach dazugeben und stetig weiter umrühren, damit der Reis die Brühe aufnehmen kann. Wenn der Reis fertig ist, die Pfanne vom Feuer nehmen und mit Provola bestreuen.

Dies ist ein typisches Gericht aus dem Piemont.

Schwierigkeit: hoch
Vorbereitungszeit: 10 Minuten
Kochzeit: 20 Minuten

Risotto con gamberi
Risotto mit Garnelen

Zutaten für 4 Personen:
250 g Reis
500 ml Gemüsebrühe
50 ml Weißwein
8 Garnelen aus Albenga
1/2 EL Tomatenmark
40 g Butter
40 ml Olivenöl
rotes Paprikapulver
Cognac
1 Zitrone
1 Zwiebel
Salz
Pfeffer

Wein

Mit einem Weißwein mit kurzer Fassgärung D.O.C. Verdicchio dei Castelli di Jesi (Marken), mit der Rebsorte Verdicchio, servieren, oder mit einem Weißwein I.G.T. Sizilien, mit der Rebsorte Grecanico, Inzolia, Cattarrato und Chardonnay, oder mit einem trockenen, kräftigen, reifen und blumigen Weißwein.

Zuerst das Risotto zubereiten (siehe Rissotto al limone); bei diesem Rezept fügt man der Brühe allerdings gemahlene Garnelenköpfe und etwas Cognac hinzu. Den Reis etwa fünfzehn Minuten lang kochen lassen, bis er fertig ist, und das Tomatenmark und das Paprikapulver dazugeben. Danach die geschälten und geöffneten Garnelenschwänze ohne den Darm hinzugeben und etwa zwei Minuten kochen lassen. Die Pfanne vom Feuer nehmen, Butter und etwas Petersilie hinzufügen und kräftig umrühren.

Die Garnelen kann man durch Hummer, Scampi oder Riesengarnelen ersetzen und das Gericht wird genauso köstlich.

Schwierigkeit: mittel
Vorbereitungszeit: 10 Minuten
Kochzeit: 20 Minuten

Risotto con salsa di fragole
Risotto mit Erdbeersauce

Zutaten für 4 Personen

250 g Reis
300 g Erdbeeren
500 ml Gemüsebrühe
50 ml Sekt oder Champagner
1 Zitrone
20 g Butter
40 g Parmesan
40 ml Olivenöl
1 Zwiebel
Salz
Pfeffer

Wein

Mit einem traditionell hergestellten oder gegärten Schaumwein D.O.C. Prosecco di Conegliano-Valdobbiadene Superiore di Cartizze (Venetien), mit der Rebsorte Prosecco, servieren, oder mit einem leicht fruchtigen, körperreichen, frischen Schaumwein.

Den Reis in einer Pfanne mit etwas Olivenöl leicht anbraten, die klein gehackte Zwiebel hinzufügen und ein paar Minuten weiterbraten. Bei reduzierter Flamme den Sekt oder Champagner hinzufügen. Wenn der Alkohol verdampft ist, nach und nach die Gemüsebrühe eingießen und den Reis etwa fünfzehn Minuten kochen lassen, bis er fertig ist. Die Erdbeeren pürieren, durchsieben und beiseitestellen. Die Butter in einem Kochtopf erhitzen und etwas Sekt oder Champagner dazugeben. Den Topf vom Feuer nehmen und das Erdbeerpüree hinzugeben. Das Gericht serviert man mit dem Reis und dem geriebenen Parmesan in der Mitte und einem Rand aus Erdbeersauce.

Es empfiehlt sich, zuerst die Erdbeersauce und danach den Reis zuzubereiten und das Gericht schnell zu servieren, damit die Kochtemperatur erhalten bleibt. Dieses Rezept serviert man für gewöhnlich als Hauptgericht.

Schwierigkeit: mittel
Vorbereitungszeit: 15 Minuten
Kochzeit: 20 Minuten

Risotto con polpetti
Risotto mit Tintenfischchen

Zutaten für 4 Personen:
400 g Reis
500 g Tintenfischchen
1 Zwiebel
2 Knoblauchzehen
1 Glas Weißwein
Olivenöl
Salz
Pfeffer
Petersilie
Pinienkerne
3 Tassen heißes Wasser

Wein

Mit einem ungegärten Weißwein D.O.C. Vermentino di Sardegna (Sardinien), mit der Rebsorte Vermentino, servieren, oder einem jungen, leichten, körperreichen Weißwein.

Die Zwiebel und den Knoblauch hacken und in einer Pfanne anbraten. Wenn sie goldbraun sind, die Tintenfischchen, den Weißwein, Salz und Pfeffer hinzufügen. Die Pfanne zudecken und bei mittlerer Kochzeit den Reis und drei Tassen heißes Wasser dazugeben. Die Pfanne offen lassen und den Reis kochen lassen, bis er al dente ist, ab und an umrühren, damit er nicht zusammenklebt. Die vorher gebräunten Pinienkerne hinzufügen und als letzten Schliff mit Petersilie bestreuen.

Dieser Reis ist ausgezeichnet, wenn er etwas wässrig ist und man kann weiteres Wasser hinzufügen, damit der Reis es aufnimmt.

Schwierigkeit: leicht
Vorbereitungszeit: 25 Minuten
Kochzeit: 20 Minuten

Pizza Margarita
Pizza Margarita

Zutaten für 4 Personen:
150 g Mozzarella
100 g reife Tomaten
1 EL gehackter Basilikum
3 EL Olivenöl
Pfeffer
Salz

Für den Teig:
500 g Weizenmehl
30 g frische Hefe
125 ml Wasser
1/2 EL Salz
Mehl für die Arbeitsfläche
Olivenöl

Wein

Mit einem ungegärten, jungen Rotwein I.G.T Paestum rosso, mit der Rebsorte Barbera und Sangiovese, servieren oder mit einem jungen, leichten, fruchtigen Wein ohne Fassgärung.

Um den Teig herzustellen, die Hefe in einem Behältnis mit etwas lauwarmen Wasser einweichen. Ein paar Esslöffel Mehl hinzugeben und umrühren, bis eine homogene Masse entsteht, die man etwa 30 Minuten unter einem Tuch ruhen lässt. Das restliche Mehl auf die Arbeitsfläche sieben und mit der ersten Masse vermengen. Kneten, bis man einen festen, aber geschmeidigen Teig erhält. In vier Portionen aufteilen, mit Mehl bestäuben und ein paar Stunden ruhen lassen. Für die Pizza Margarita zieht man jede Portion auseinander bis ein runder dünner Boden entsteht. Den Mozzarella würfeln. Die Tomaten häuten, entkernen und würfeln. Den Boden mit Tomate und Mozzarella bedecken. Mit etwas Olivenöl benetzen, salzen und pfeffern und im vorgeheizten Ofen bei 280 °C 15-20 Minuten lang backen.

Die Pizza Margarita entstand 1889 in Neapel und ist eine Hommage an die Königin Margarita von Savoyen. Sie wurde vom Pizzabäcker Raffaele Esposito erfunden und zwar in der Pizzeria Brandy, in der Nähe des zentralen Platzes Plebiscito (wo der Königspalast steht) und der Straße Toledo. Diese patriotische Pizza ist ein Symbol, da sie die Farben der italienischen Flagge trägt: Das Weiß des Mozzarellas, das Rot der Tomaten (pommodoro) und das Grün des Basilikums (basilico).

Schwierigkeit: leicht
Vorbereitungszeit: 10 Minuten
Kochzeit: 20 Minuten

Pizza quattro stagioni
Pizza Vierjahreszeiten

Zutaten für 4 Personen:
150 g Mozzarella
100 g reife Tomaten
4 grüne Spargel
Yorker Schinken
Pilze
Anchovis
Artischocken

Für den Teig:
500 g Weizenmehl
30 g frische Hefe
125 ml Wasser
1/2 EL Salz
Mehl für die Arbeitsfläche
Olivenöl

Wein

Mit einem jungen Weißwein D.O.C. Biferno (Molise), mit der Varietät Trebbiano, Bombino und Greco, servieren, oder mit einem kompakten Weißwein mit sanften Aromen und einem harmonischen Abgang.

Nachdem der Teig zubereitet und auseinandergezogen wurde (siehe Pizza Margarita), mit den vier Spargeln ein Kreuz bilden, um die Viertel und somit die Hauptzutaten voneinander zu trennen. Jedes Viertel mit je einer Zutat belegen und im vorgeheizten Ofen bei 280 °C etwa eine Viertelstunde backen, bis die Zutaten heiß und der Teig goldbraun ist.

Es gibt unendlich viele Varianten der Pizza Vierjahreszeiten. Man muss nur der Fantasie freien Lauf lassen und die Zutaten nach Geschmack kombinieren.

Schwierigkeit: leicht
Vorbereitungszeit: 10 Minuten
Kochzeit: 20 Minuten

Pizza capricciosa
Pizza Capricciosa

Zutaten für 4 Personen:
150 g Mozzarella
100 g reife Tomaten
Prosciutto (Schinken)
Pilze
Artischocken

Für den Teig:
500 g Weizenmehl
30 g frische Hefe
125 ml Wasser
1/2 EL Salz
Mehl für die Arbeitsfläche
Olivenöl

Wein

Mit einem jungen, ungegärten Rosé D.O.C. Bardolino Chiaretto (Venetien), vorzugsweise mit der Rebsorte Corvina, servieren, oder mit einem jungen, fruchtigen, kompakten und harmonischen Rosé.

Wenn der Teig fertig ist (siehe Pizza Margarita), die geschnittenen Zutaten auf einer Schicht Tomaten und einer anderen Schicht Mozzarella verteilen. Im vorgeheizten Ofen bei 280 °C etwa eine Viertelstunde backen.

Die Vorfahren der Pizza stammen aus der Römerzeit, in der man schon eine Art Fladenbrot mit dem Namen „Picea“ zubereitet hat.

Schwierigkeit: leicht
Vorbereitungszeit: 10 Minuten
Kochzeit: 20 Minuten

Pizza romana
Pizza Romana

Zutaten für 4 Personen:
150 g Mozzarella
100 g reife Tomaten
Tomatensauce
16 Anchovis

Für den Teig:
500 g Weizenmehl
30 g frische Hefe
125 ml Wasser
1/2 EL Salz
Mehl für die Arbeitsfläche
Olivenöl

Wein

Mit einem ungegärten Weißwein D.O.C. Frascati (Latium), mit der Rebsorte Malvasía und Trebbiano, servieren, oder mit einem Weißwein ohne Holznote D.O.C. Contessa Entellina (Sizilien), mit der Rebsorte Inzolia und Catarratto, oder mit einem fruchtigen, jungen, trockenen, sanften, eleganten Weißwein.

Den Pizzateig zubereiten (siehe Pizza Margarita) und ausziehen. Die Anchovis auf einer Schicht mit Tomatensauce und Mozzarella verteilen und die Pizza im Ofen bei 280 °C backen, bis sie fertig ist.

Die berühmtesten Anchovis stammen aus Ligurien und Sizilien.

Schwierigkeit: mittel
Vorbereitungszeit: 2 Stunden 30 Minuten
Kochzeit: 15 Minuten

Focaccia
Focaccia

Zutaten für 4 Personen:
500 g Mehl
225 ml Wasser
12 g frische Hefe
5 g feines Salz
50 ml Olivenöl
5 g gehackter Rosmarin
grobes Salz

Wein
Mit einem ungegärten Weißwein D.O.C. Golfo di Tigullio (Ligurien), mit der Rebsorte Bianchetta, servieren, oder mit einem jungen, lebendigen, ungegärten, zarten, süffigen Weißwein.

Die Hälfte des Öls mit dem Mehl, dem Wasser und der Hefe vermischen. Den Teig kneten, bis eine homogene Masse entsteht. Diese mit einem feuchten Tuch bedeckt zwei Stunden lang ruhen lassen. Danach den gehackten Rosmarin hinzufügen und auf einem geölten Ofenblech ausziehen. Den ausgezogenen Teig 30 Minuten lang ruhen lassen, damit er gären kann. Mit etwas Öl bepinseln, damit der Teig nach dem Backen außen knusprig und innen weich ist, mit den Daumen Mulden formen und mit etwas grobem Salz bestreuen. Im Ofen 15 Minuten lang bei 220 °C backen.

Jede Region in Italien hat ihre eigenen Focaccia-Spezialitäten, jene mit Rosmarin ist typisch für Ligurien. Es ist, ebenso wie die Pizza, eine Basis für alle möglichen Zutaten.

Die beste Küche der Welt

Fleisch und Fisch

Coniglio in umido con olive e pinoli
Hase mit Oliven und Pinienkernen

Schwierigkeit: mittel
Vorbereitungszeit: 15 Minuten
Kochzeit: 45 Minuten

Zutaten für 4 Personen:
1 kg Hasenfleisch, in Streifen geschnitten
100 g Karotten
150 g Sellerie
4 Knoblauchzehen
40 g Pinienkerne
40 g entkernte Oliven
1 Glas Weißwein
Rosmarin
Olivenöl

Den Hasen mit etwas Olivenöl scharf anbraten und wenn er goldbraun ist, den Rosmarin, die geteilten Knoblauchzehen, den Sellerie und die gewürfelte Karotte hinzufügen und zehn Minuten lang bei mittlerer Flamme kochen. Mit Weißwein ablöschen. Wenn der Alkohol verdampft ist, die Pinienkerne, Oliven und eine halbe Zitronenscheibe dazugeben. Alles mit Gemüsebrühe bedecken und bei kleiner Flamme 45 Minuten lang köcheln lassen.

Wein

Mit einem gegärten, körperreichen Weißwein D.O.C. Bolgheri (Toskana), mit der Rebsorte Cabernet Sauvignon und/oder Merlot, servieren, oder mit einem gegärten Rotwein D.O.C.G. Barolo oder Barbaresco, mit der Rebsorte Nebbiolo, oder mit einem gegärten Rotwein mit Persönlichkeit, Struktur und Säurebiss.

Dies ist ein traditionelles Gericht aus Ligurien.

Schwierigkeit: leicht
Vorbereitungszeit: 15 Minuten
Kochzeit: 10 Minuten

Tagliata all'aceto balsamico
Kalbsfilet mit Balsamicoessig

Zutaten für 4 Personen:
600 g Kalbsfilet
40-50 ml Fleischbrühe
40 g Balsamicoessig
20 g Butter
2 Knoblauchzehen
Salz
Pfeffer
Rosmarin

Wein

Mit einem großzügigen, trockenen Weißwein mit biologischer Gärung D.O.C. Marsala (Sizilien), mit der Rebsorte Grillo und Catarratto, servieren, oder mit einem großzügigen, körperreichen, komplexen, rassigen Wein mit oxidativer Gärung.

Vier Kalbsfilets schneiden und in der Pfanne auf beiden Seiten leicht anbraten. Aus der Pfanne nehmen und stattdessen den Essig, etwas Brühe, die Butter, den Knoblauch, Rosmarin, Salz und Pfeffer hineingeben. Die Sauce aufkochen und die Filets dazugeben.

Die Qualität des Balsamicoessigs ist für dieses Rezept entscheidend, da er dem Gericht die Harmonie zwischen Säure, Süße, Sanftheit und Aroma verleiht. Der Balsamicoessig wird aus dem Most der Traubensorte Trebbiano Blanca aus Modena oder aus Reggio-Emilia hergestellt. Der Most wird erhitzt und konzentriert, bis ein dunkler Sirup entsteht, der mit altem Wein vermischt wird, um dessen lange Fermentation zu verstärken, die mehr als drei Jahre dauert.

Schwierigkeit: leicht
Vorbereitungszeit: 5 Minuten
Kochzeit: 10 Minuten

Saltimbocca alla romana
Kalbsfilets á la Romana

Zutaten für 4 Personen:

400 g Kalbsfleisch
30 g zarter Schinken
8 Salbeiblätter
1 EL Rosinen
30 g Butter
1 EL Öl
30 g Mehl
50 ml Gemüsebrühe
1/2 Tasse Weißwein
Salz

Wein

Mit einem ungegärten Rotwein D.O.C. Cerveteri (Latium), mit der Rebsorte Sangiovese und Montepulciano, servieren, oder mit einem jungen, ungegärten, fruchtigen, leichten, rassigen Rotwein.

Acht Scheiben Fleisch abschneiden und jeweils mit einer Scheibe Schinken und einigen Salbeiblättern belegen. In Mehl wenden und in der Pfanne mit Öl und Butter braten, wobei man zuerst die Seite mit den Salbeiblättern brät, bis diese knusprig ist. Wenden und den Wein, die Rosinen und etwas Salz hinzugeben.

Dieses typisch römische Gericht wird üblicherweise mit Kartoffelpüree serviert.

Schwierigkeit: mittel
Vorbereitungszeit: 1 Stunde
Kochzeit: 2 Stunden

Spezzatino con polenta Geschnetzeltes mit Polenta

Zutaten für 4-6 Personen:
1 kg weißes Kalbsfleisch
200 g Tomatenmark
1/2 Zwiebel
1 Karotte
1 Stängel Sellerie
1 Stängel Rosmarin
Weißwein
Pflanzenöl
Salz
1 Zitrone

Für die Polenta:
1 l Wasser
250 g Maismehl
250 g Butter
50 g geriebener Parmesan

Wein

Mit einem lang gegärten Rotwein D.O.C.G. Barolo oder Barbaresco (Piemont), mit der Rebsorte Nebbiolo, servieren, oder mit einem reifen, aromatischen, komplexen, tanninhaltigen, rassigen Rotwein.

Die Polenta vorbereiten, indem man das Mehl mit etwas Salz in kochendes Wasser gibt und mit einem Holzlöffel umrührt. Bei starker Flamme kochen lassen und stets umrühren, bis eine feste Konsistenz entsteht. Nach etwa 45 Minuten Kochzeit Butter und Käse nach Geschmack dazugeben.

Das Fleisch würfeln. Eine Kasserolle mit Pflanzenöl aufs Feuer stellen und den Sellerie, die Zwiebel und die in Stücke geschnittene Karotte anbräunen. Das Fleisch mit einer Zitronenschale hinzugeben, salzen und pfeffern und den gehackten Rosmarin darüber streuen. Den Wein und das Tomatenmark hinzugeben, alles bei kleiner Flamme etwa zwei Stunden lang köcheln lassen, bis das Fleisch schön zart ist.

Die Polenta ist ein typisches Gericht Norditaliens und wird üblicherweise in einem speziellen Behältnis, typischerweise „Paiolo“ genannt, zubereitet.

Schwierigkeit: hoch
Vorbereitungszeit: 2 Stunden
Kochzeit: 1 Stunde 30 Minuten

Capriolo con polenta
Reh mit Polenta

Zutaten für 4 Personen:

Für die Polenta:
1 l Wasser
250 g Maismehl
250 g Butter
50 g geriebener Parmesan

Für das Reh:
1,5 kg Reh
150 g Kalbsleber
5 Würstchen

Für die Rotweinmarinade:
3/4 einer Flasche Rotwein
Sellerie
Karotte
Salbei
Rosmarin
Gewürznelken
Lorbeer
Knoblauch

Wein

Mit einem gegärten Rotwein D.O.C. Valtellina Sforzato (Lombardei), mit der Rebsorte Chiavennasca oder Nebbiolo, servieren, oder mit einem gegärten Rotwein D.O.C. Amarone della Valpolicella (Venetien), mit der Rebsorte Corvina, Rondinella und anderen, oder mit einem kompakten, reifen, aromatischen, tanninhaltigen Rotwein mit langem Abgang und Säurebiss.

Die Polenta zubereiten (siehe Spezzatino con polenta). Das Rehfleisch würfeln und in ein Behältnis mit dem feingehackten Gemüse, etwas Salbei, Knoblauch, Lorbeer und Rosmarin geben. Alle Zutaten mischen, mit dem Wein bedecken und zwei Stunden lang marinieren lassen.

Eine Pfanne aufs Feuer stellen, die gesamte marinierte Zubereitung hineingeben und solange kochen lassen, bis die Flüssigkeit verdampft ist. Gleichzeitig die Butter mit etwas Sellerie, Karotte und Zwiebelstückchen anbraten. Das Reh hinzugeben, nach Geschmack salzen und pfeffern und sofort die Füllung der Würstchen und die Leber hinzufügen. Alles mit Rotwein bedecken und bei kleiner Flamme etwa 1,5 Stunden köcheln lassen.

Dies ist ein typisches Gericht aus den Dolomiten.

Schwierigkeit: leicht
Vorbereitungszeit: 10 Minuten
Kochzeit: 10 Minuten

Scaloppina alla milanese
Mailänder Schnitzel

Zutaten für 4 Personen:

Rinderschnitzel
150 g Butter
2 Eier
Mehl
Semmelbrösel
Salz

Wein

Mit einem gegärten Rotwein D.O.C.G. Chianti Classico (Toskana), hauptsächlich mit der Rebsorte Sangiovese, servieren, oder mit einem jungen Rotwein D.O.C. Oltrepò Pavese (Lombardei), mit der Rebsorte Bonarda, oder mit einem kompakten, fruchtigen, rassigen, tanninhaltigen Rotwein.

Zuerst die Schnitzel flach klopfen, bis sie sehr dünn sind. Leicht bemehlen und panieren, indem man sie zuerst in geschlagene Eier und danach in die Semmelbrösel legt. Eine Pfanne mit Butter aufs Feuer stellen, wenn Blasen aufsteigen, die Schnitzel, braten bis sie auf beiden Seiten gut gebräunt sind.

Die Mailänder Schnitzel, d.h. panierte Schnitzel, kann man sowohl in Butter als auch in Öl braten. Üblicherweise werden sie mit knusprigen Pommes Frites serviert.

Schwierigkeit: leicht
Vorbereitungszeit: 10 Minuten

Carpaccio di manzo
Carpaccio vom Rind

Zutaten für 4 Personen:
1/4 Rinderfilet
1 Bund Rucola
1 Zitrone
Parmesanspäne

Für die Zitronen-Vinaigrette:
Zitronensaft
Öl
Salz

Wein

Mit einem Weißwein servieren, der nicht in Holz gereift wurde, D.O.C. Alto Adige, mit der Rebsorte Müller-Thurgau, oder einem aromatischen, kompakten, sanften Weißwein mit Säurebiss, oder mit einem jungen, fruchtigen Rotwein.

Das rohe Rinderfilet in sehr dünne Scheiben schneiden. Die Scheiben auf die Teller verteilen und mit Rucola und Parmesanspänen bedecken. Danach die Zitronen-Vinaigrette zubereiten, indem man den Zitronensaft mit Öl und Salz nach Geschmack vermischt. Das Carpaccio abmachen und mit einer Zitronenscheibe garnieren.

Um dieses Gericht selbst zu machen, empfiehlt es sich, halbgefrorenes Rinderfilet zu verwenden, damit das Schneiden erleichtert wird.

Schwierigkeit: leicht
Vorbereitungszeit: 10 Minuten

Carpaccio classico
Klassisches Carpaccio

Zutaten für 4 Personen:
400 g Rinderfilet
Pfeffer
Salz

Für die Sauce:
120 ml Mayonnaise
1-2 EL Worcestersauce
1 TL Zitronensaft
2-3 EL Milch
weißer Pfeffer
Salz

Wein

Mit einem Rotwein ohne Fasslagerung D.O.C. Friuli Annia, mit der Rebsorte Refosco, servieren, oder mit einem jungen, fruchtigen, kompakten, tanninhaltigen, rassigen Rotwein.

Das Filetstück putzen, um Fettreste und Nervenstränge zu entfernen, bis man einen perfekten Zylinder erhält, den man im Kühlschrank beiseitestellt. Wenn es richtig kalt ist, mit einem scharfen Messer in sehr dünne Scheiben schneiden. Mit den Scheiben vollständig die Tellermitte bedecken, salzen und mindestens fünf Minuten in den Kühlschrank stellen. Währenddessen die Sauce zubereiten, indem man in einem Behältnis die Mayonnaise, die Worcestersauce und den Zitronensaft mischt. Danach ist es nötig, Milch hinzuzufügen, bis die gewünschte Konsistenz erreicht ist. Salz und Pfeffer nach Geschmack zugeben.

Der Name dieses Gerichts ist ein Tribut an Vittore Carpaccio, ein berühmter Maler der Renaissance, der für seine brillanten Rot-weiß-Kontraste bekannt ist. Arrigo Cipriani hat dieses Rezept 1950 kreiert, in dem Jahr, in dem über Carpaccio eine große Ausstellung in Venedig stattfand. Er wurde durch eine Gräfin inspiriert, die regelmäßig Gast in seinem Restaurant war und deren Arzt ihr verboten hatte, gekochtes Fleisch zu essen.

Schwierigkeit: mittel
Vorbereitungszeit: 20 Minuten
Kochzeit: 2 Stunden 40 Minuten

Arrosto di vitello
Rinderbraten

Zutaten für 4 Personen:
1 kg Kalbfleisch
1/4 l Weißwein
1 Bund Sellerie
1 Zwiebel
1 Karotte
1 Knoblauchzehe
1/2 l Pflanzenöl
Salbei
Lorbeer
Pfeffer
Salz

Wein

Mit einem gegärten, körperreichen Rotwein D.O.C. Teroldego Rotaliano (Trentin), mit der Rebsorte Teroldego, servieren, oder mit einem gegärten Rotwein D.O.C. Alto Adige, mit der Rebsorte Lagrein, oder mit einem kräftigen, körperreichen Rotwein mit einem leicht bitteren Abgang.

Alles geschnittene Gemüse mit Pflanzenöl in eine Auflaufform geben. Das Fleisch salzen und pfeffern und ebenso in die Form geben, zusammen mit dem Salbei und dem Lorbeer in den Ofen schieben. Alle zehn Minuten das Fleisch wenden, um es gleichmäßig zu kochen. Bei mittlerer Kochzeit den Wein hinzufügen und den Braten etwa 2 Stunden lang bei 180 °C im Ofen lassen.

Wenn der Braten im Ofen ist, empfiehlt es sich, ihn gelegentlich mit etwas Brühe zu benetzen, damit das Fleisch nicht austrocknet.

Schwierigkeit: mittel
Vorbereitungszeit: 25 Minuten
Kochzeit: 1 Stunde 30 Minuten

Ossobuco
Kalbshaxe

Zutaten für 4 Personen:
1 kg Kalbshaxe
1 Zwiebel
1 Karotte
1 Stängel Sellerie
2 gehäutete, entkernte Tomaten
1 Glas Weißwein
Gemüsebrühe
Schale einer halben Zitrone
Rosmarin
Petersilie
Lorbeer
Salz
Pfeffer
Olivenöl

Wein

Mit einem jungen Rotwein ohne Fasslagerung D.O.C. Dolcetto di Dogliani (Piemont), mit der Rebsorte Dolcetto, servieren, oder mit einem jungen, fruchtigen, körperreichen, tanninhaltigen, lebendigen Rotwein.

Das Gemüse sehr fein hacken, leicht in einer Kasserolle anbraten und beiseitestellen. Die Kalbshaxe vorsichtig bemehlen, in einer Pfanne bei mittlerer Flamme braten, bis sie goldbraun ist und zu dem Gemüse in der Kasserolle geben. Die Pfanne mit dem Weißwein ablöschen und die Flüssigkeit in die Kasserolle geben. Anschließend das Fleisch mit Gemüsebrühe bedecken, die Kasserolle zudecken und bei kleiner Flamme etwa eine Stunde lang kochen lassen. Danach das Fleisch herausnehmen und die Sauce durch ein konisches Sieb seihen.

In der Lombardei, wo dieses traditionelle Rezept zubereitet wird, serviert man es üblicherweise mit Safranreis oder Kartoffelpüree.

Schwierigkeit: mittel
Vorbereitungszeit: 30 Minuten
Kochzeit: 30 Minuten

Cozze ripiene alle "Cinque Terre" Gefüllte Miesmuscheln à la „Fünf Länder"

Zutaten für 4 Personen:
1 kg Miesmuscheln
250 g Mortadella
100 g Semmelbrösel
50 g geriebener Parmesan
4 Eier
Knoblauch
Zwiebel
Karotte
Brotkrumen
Mangold
Thymian
Majoran
Salz

Wein

Mit einem Weißwein ohne Holznote D.O.C. Cinque Terre (Ligurien), mit der Rebsorte Bosco, Albarola und Vermentino, servieren, oder mit einem aromatischen, leichten Weißwein mit Säurebiss.

Den Mangold und die Karotte kochen. Währenddessen die Zwiebeln, den Knoblauch und den Mortadella klein hacken. Wenn der Mangold und die Karotte gar sind, die anderen gehackten Zutaten hinzufügen. Danach die Gewürze, die Semmelbrösel, die Brotkrumen, den Parmesan und danach die vier Eier hinzugeben. Alles in den Mixer geben und diese Füllung beiseitestellen.

Die Miesmuscheln in einem Dampfkochtopf kochen. Wenn sie geöffnet sind, mit der bereits zubereiteten Paste füllen. Die Klappen der Muscheln schließen und 20-30 Minuten lang im Ofen auf einem Bett aus ziemlich flüssiger hausgemachter Tomatensauce gratinieren, bis die Füllung gar ist.

Es gibt einen ausgezeichneten Trick, damit sich die Muscheln nicht öffnen und die Füllung während des Gratinierens herausfällt. Einfach die Klappen mit Bindfaden zusammenbinden.

Schwierigkeit: mittel
Vorbereitungszeit: 10 Minuten
Kochzeit: 20 Minuten

Sarde in saor
Marinierte Sardinien

Zutaten für 4 Personen:
1/2 kg Sardinen
500 g Zwiebel
150 g Pinienkerne
2 Gläser Balsamicoessig
2 EL Weißwein
Pflanzenöl
Mehl
Schwarze Pfefferkörner
Salz

Wein

Mit einem reifen Weißwein ohne Fassgärung D.O.C. Soave Classico Superiore (Venetien), mit der Rebsorte Garganega und Trebbiano, servieren, oder mit einem aromatischen, fruchtigen, reifen, frischen Weißwein ohne Holznote mit einem langen Abgang.

Die Sardinen gut waschen, bemehlen und in reichlich Öl fritieren bis sie knusprig sind. In einer Schüssel beiseitestellen. Die Zwiebeln pochieren, und wenn sie fertig sind, die Pinienkerne, den schwarzen Pfeffer, den Balsamicoessig und den Wein hinzugeben. Diese Sauce reduzieren lassen und in die Schüssel mit den Sardinen gießen.

Dies ist ein typisches Gericht aus Venetien.

Schwierigkeit: mittel
Vorbereitungszeit: 15 Minuten
Kochzeit: 20 Minuten

Baccalà Aurora
Dorsch Aurora

Zutaten für 4 Personen:
600 g entsalzenes Dorschfilet
60 g Tomatensauce
1 EL Cognac
100-120 g leichte Sahne
50 g Mehl
Salz
Peperoni

Wein

Mit einem gegärten Rotwein D.O.C. Barbera d'Asti (Piemont), mit der Rebsorte Barbera, servieren, oder mit einem gegärten Schaumwein D.O.C.G. Franciacorta (Lombardei), mit der Rebsorte Pinot Bianco, Chardonnay und Pinot Nero.

Den Dorsch bemehlen, mit Öl in einer Pfanne braten, bis er knusprig ist und beiseitestellen. Eine Kasserolle mit der Tomatensauce, dem Cognac, der Sahne und der Peperoni aufs Feuer stellen. Wenn die Sauce gerade zum Kochen anfängt, den Dorsch hinzufügen, und im Ofen bei 160 °C etwa fünf Minuten lang zu Ende kochen. Nach Geschmack salzen.

Dieses Gericht ist in Norditalien sehr beliebt, wo man den Dorsch durch anderen Fisch, wie trockenen Seehecht, Sardellen etc. ersetzen kann. In seinen Ursprüngen war dieses Gericht mit der religiösen Tradition verbunden, kein Fleisch zu essen, und den Verzehr von Dorsch schrieb man den wohlhabenden Gesellschaftsschichten zu.

Rana pescatrice al vapore con salsa di agrumi
Dampfgegarter Seeteufel mit Zitrussauce

Schwierigkeit: leicht
Vorbereitungszeit: 10 Minuten
Kochzeit: 10 Minuten

Zutaten für 4 Personen:

600 g gereinigter Seeteufel in 4 Stücke geschnitten
2 Orangen
1 Zitrone
1 TL rosa Pfefferkörner
Estragon
10 ml Olivenöl
2 EL Sekt
4 kleine Kartoffeln

Wein

Mit einem Weißwein ohne Holznote I.G.T. Sizilien, mit der Rebsorte Catarratto und Chardonnay, servieren, oder mit einem reifen, komplexen, sämigen Weißwein ohne Holznote oder mit einem Schaumwein mit langer Flaschengärung.

Den Saft einer Zitrusfrucht auspressen und beiseite stellen. Die restlichen Zitrusfrüchte schälen, in Scheiben schneiden und halbieren. Jedes Seeteufelfilet dreimal einschneiden und in die Einschnitte die Fruchtscheiben stecken. Den Sekt in eine Auflaufform gießen und die restlichen Fruchtscheiben, den Estragon und die Pfefferkörner hinzugeben. Die al dente gekochten und in dünne Scheiben geschnittenen Kartoffeln hinzufügen und den Seeteufel darauf legen. Salzen, die Auflaufform mit Alufolie zudecken und sieben Minuten lang in den Ofen schieben. Vor dem servieren, etwas Salzen und etwas Saft der Zitrusfrüchte drübergießen.

Dieses sizilianische Gericht ist ideal für jegliche Art von Diät, da es sehr fettarm ist. Andere Fischarten, die mit diesem Rezept unvergleichlich gut schmecken, sind der Seehecht oder der Seebarsch.

Schwierigkeit: leicht
Vorbereitungszeit: 5 Minuten
Kochzeit: 10 Minuten

Branzino alla Ligure
Seebarsch nach ligurischer Art

Zutaten für 4 Personen:

600 g Seebarschfilet in 4 Stücken
10 entkernte schwarze Oliven
1 Tomate
3 Knoblauchzehen
1 Rosmarinzweig
1 Zitronenscheibe
4 Kartoffeln
1/2 Glas Weißwein
30 g Öl
Provenzalische Kräuter

Wein

Mit einem reifen Weißwein ohne Fasslagerung D.O.C. Riviera Ligure di Ponente (Ligurien), mit der Rebsorte Pigato, servieren, oder mit einem Weißwein D.O.C. Etna (Sizilien), mit der Rebsorte Carricante, oder mit einem reifen, vollmundigen Weißwein mit Persönlichkeit.

Den Seebarsch in einer Pfanne auf der Seite mit der Haut anbraten, bis sie goldbraun ist. Wenden und den Weißwein dazugießen. Den Alkohol verdampfen lassen und die klein geschnittene Tomate, die schwarzen Oliven, den Rosmarin, die provenzalischen Kräuter, den Knoblauch und die in dünne Scheiben geschnittenen Kartoffeln dazugeben. Etwa sieben Minuten lang braten lassen.

Die Einwohner von Ligurien sagen gewöhnlich, dass man den Fisch mit dem Wein ertränken soll.

Schwierigkeit: leicht
Vorbereitungszeit: 15 Minuten
Kochzeit: 30 Minuten

Baccalà mantecato
Cremiger Dorsch

Zutaten für 4 Personen:
500 g gesalzene Dorschfilets
1/2 l Öl
1 Knoblauchzehe (optional)

Wein

Mit einem Rotwein mittlerer Gärung D.O.C. Colli Berici (Venetien), mit der Rebsorte Tocai Rosso und etwas Garganega, servieren, oder mit einem leicht gegärten, aromatischen, fruchtigen, blumigen, frischen Rotwein mit einem nicht allzu hohen Alkoholgehalt.

Den Dorsch zwei Tage lang einweichen lassen und das Wasser täglich 2-3 Mal wechseln. Wenn er die gewünschte Salzigkeit erreicht hat, in reichlich Wasser etwa 30 Minuten lang kochen. In einem Behältnis abtropfen lassen und zerkleinern. Wenn der Dorsch gut zerkleinert ist, diesen weiter kochen, einen kleinen Spritzer Öl dazulaufen lassen und währenddessen stetig mit einem Bratwender oder Holzlöffel umrühren, bis eine Creme entsteht. Zum Schluss je nach Geschmack mit Salz und Pfeffer würzen und eventuell fein gehackten Knoblauch dazugeben.

Ein köstliches Gericht mit angenehmer Konsistenz und einem Geschmack, der den Gaumen ausfüllt. Dieses Gericht ist der spanischen Brandada ähnlich.

Schwierigkeit: leicht
Vorbereitungszeit: 20 Minuten
Kochzeit: 10 Minuten

Scampi alla busera
Scharfe Scampi

Zutaten für 4 Personen:
1 kg Scampi
200 g Tomatensauce
1 Glas Cognac
Öl
Peperoni
Pfeffer
Salz

Wein

Mit einem ungegärten Weißwein D.O.C. Alto Adige, mit der Rebsorte Gewürztraminer, servieren, oder mit einem ungegärten, reifen, fruchtigen, samtigen, würzigen Weißwein mit einem langen, leicht bitteren und scharfen Abgang.

Die Scampi am Bauch einschneiden und mit etwas Öl ganz in die Pfanne geben. Salzen und pfeffern und je nach Geschmack die gehackten Peperoni hinzufügen. Bei mittlerer Kochzeit ein Glas Cognac hinzugießen und flambieren. Zum Schluss die Tomatensauce hinzugeben.

Wenn die Scampi fertig sind, kann man auch Spaghetti kochen und in die Pfanne geben, somit erhält man einfache Spaghetti á la Busera.

Die beste Küche der Welt

Nachspeisen

Schwierigkeit: mittel
Vorbereitungszeit: 30 Minuten

Tiramisù
Tiramisu

Zutaten für 4 Personen:

500 g Mascarpone
200 ml Sahne
5 EL Zucker
4 Eigelbe
200 g Löffelbiskuit
4 EL Espresso
4 EL Amaretto (optional)
Pulverkakao

Wein

Mit einem Dessertwein mit oxidativer Gärung D.O.C. Vin Santo del Chianti Classico (Toskana), mit der Rebsorte Trebbiano, Grechetto und Malvasia, servieren, oder mit einem geschmeidigen Dessertwein mit oxidativer Gärung und bitterem eleganten Abgang.

Die Sahne mit einem Esslöffel Zucker aufschlagen und gleichzeitig die vier Eigelbe mit dem restlichen Zucker bei hoher Geschwindigkeit schlagen, bis sie eine cremige Konsistenz annehmen. Nach und nach die Mascarpone und danach die geschlagene Sahne dazugeben. Eine Form mit dem Löffelbiskuit auslegen, der vorher mit dem Kaffee und dem Amaretto getränkt wird. Den Biskuit mit der Mascarpone-Creme bedecken und eine weitere Schicht Biskuit auslegen und mit dem Rest der Creme bedecken. Mit dem Kakao bestreuen und mindestens eine Stunde lang in den Kühlschrank stellen.

Viele Regionen streiten sich um den Ursprung dieser geschätzten Süßspeise, die in ganz Italien Kultstatus besitzt. Die wichtigsten Varianten unterscheiden sich in dem verwendeten Likör, der von Cognac oder Whisky bis hin zu Rum oder Kaffeelikör reichen kann.

Ciliegie cotte al vino moscato con gelato di cannella
Gekochte Kirschen à la Muskateller mit Zimteis

Schwierigkeit: hoch
Vorbereitungszeit: 60 Minuten
Kochzeit: 45 Minuten

Zutaten für 4 Personen:
800 g Kirschen
600 ml Muskateller
140 g Zucker
12 ml Kirschlikör
25 g Schokoladenguss
1 Zimtstange
glasierter Zucker

Für das Zimteis:
Zimtpulver
1 l Milch
12 Eigelbe
250 g Zucker
100 g flüssige Sahne

Für das Karamell:
150 g Zucker
80 ml Wasser

Wein

Mit einem ungegärten Dessertwein D.O.C. Freisa d'Asti Amabile (Piemont) servieren, oder mit einem Barbera Vivace aus dem Piemont, oder mit einem gegärten, frischen, fruchtigen, samtigen Dessertwein.

Die Kirschen mit dem Muskateller, der Zimtstange, dem Zucker und dem Kirschlikör bei starker Flamme 20 Minuten lang kochen lassen. Die Kirschen abseihen, beiseitestellen und den Sud auffangen. Den Sud reduzieren, ohne dass er sich karamellisiert, und die geriebene Schokolade hinzufügen.

Für das Eis die Milch in einem Kochtopf erhitzen. Wenn sie anfängt zu kochen, vom Feuer nehmen. Die Eigelbe, den Zucker, die Sahne und den Zimt je nach Geschmack hinzufügen und wieder aufs Feuer stellen. Stets umrühren und nicht kochen lassen, bis sich der Zucker aufgelöst hat. Die Creme abkühlen lassen und in den Kühlschrank stellen.

Wenn man das Gericht mit festem Karamell garnieren möchte, den Zucker und das Wasser unter ständigem Rühren in einem Topf erhitzen, bis die Mischung karamellbraun ist. Auf Backpapier in der gewünschten Form auslegen und abkühlen lassen.

> Dieses Gericht wir mit frischen Kirschen zum vollen Erfolg, aber man kann auch kandierte Kirschen verwenden.

Schwierigkeit: leicht
Vorbereitungszeit: 25 Minuten

Sorbetto di anguria
Wassermelonen-Sorbet

Zutaten für 4 Personen:

250 g Fruchtmark der Wassermelone
250 ml Wasser
175 g Zucker
25 g Traubenzucker
2 g Stabilisator oder Johannisbrotmehl

Wein

Mit einem perlenden Dessertwein D.O.C.G. Brachetto d'Acqui (Lombardei), mit der Rebsorte Brachetto, servieren, oder mit einem frischen, rassigen, perlenden Dessertwein.

Den Zucker, den Traubenzucker und den Stabilisator in Wasser auflösen. Gut mit dem Fruchtmark vermischen und in das Gefrierfach stellen. Nach einer halben Stunde herausnehmen, die Mischung umrühren und wieder in das Gefrierfach stellen. Diesen Vorgang die nächsten zwei Stunden jede halbe Stunde wiederholen.

Die Tradition gefrorener Sorbets kommt aus Sizilien und hat ihren Ursprung in arabischen Einflüssen.

Schwierigkeit: leicht
Vorbereitungszeit: 10 Minuten
Kochzeit: 18 Minuten

Panna cotta
Panna Cotta

Zutaten für 4-6 Personen:
1 l flüssige Sahne
4 Blatt Gelatine
300 g Zucker

Wein

Mit einem süßen Weißwein mit Fasslagerung D.O.C. Moscato Passito di Pantelleria (Sizilien), mit der Rebsorte Moscatel, servieren, oder mit einem süßen, im Fass gealterten, kompakten, samtigen, aromatischen Rotwein.

Die Gelatine in einer Schüssel mit lauwarmen Wasser einweichen. Die Sahne mit dem Zucker in einem Kochtopf erhitzen, bis sich der Zucker vollständig aufgelöst hat. Kurz bevor es anfängt zu kochen, die Gelatine dazugeben und etwa drei Minuten lang kochen lassen. Die Masse in Dessertschalen oder eine große Schale geben und abkühlen lassen. Danach drei Stunden lang in den Kühlschrank stellen.

Die Panna Cotta, eine Art von süßem Milchdessert mit geschmeidiger Konsistenz, serviert man üblicherweise mit Waldfrucht- oder Erdbeersirup.

Schwierigkeit: mittel
Vorbereitungszeit: 5 Minuten

Cassata siciliana
Cassata á la Siciliana

Zutaten für 4 Personen:
1 Biskuitboden
800 g süßer Ricotta
100 g Pistazien
150 ml Zimt-Orangen-Sirup
50 g Sahne
5 ml Orangenlikör
150 g kandierte Früchte
80 g Schokolade

Wein

Mit einem süßen Weißwein mit Fasslagerung D.O.C. Moscato Passito di Pantelleria (Sizilien), mit der Rebsorte Moscatel, servieren, oder mit einem süßen, im Fass gealterten, kompakten, samtigen, aromatischen Rotwein.

Den Biskuitboden in mehrere Schichten zerteilen, diese stapeln und jeweils abwechselnd mit Pistazien, Ricotta, und kandierten Früchten belegen. Wenn nötig diesen Vorgang wiederholen, bis alle Schichten des Biskuits aufgebraucht sind. Zum Schluss den Kuchen mit einem Zucker- oder Schokoladenguss glasieren.

In Italien serviert man die Cassata üblicherweise zu besonderen Anlässen, wie Ostern, bei Hochzeiten oder Kindstaufen. Die Rezepte können stark variieren, manche wechseln die Schichten mit Marzipan, Marmelade, Nüssen etc. ab.

Schwierigkeit: hoch
Vorbereitungszeit: 30 Minuten
Kochzeit: 15 Minuten

Gelato all'uovo
Eiereis

Zutaten für 4 Personen:

350 g Milch
100 g Zucker
10 g Traubenzucker
100 g flüssige Sahne (mit 35% Fettgehalt)
4 Eigelbe
3 g Stabilisator

Wein

Mit einem süßen, kohlensäurehaltigen Weißwein D.O.C. Asti Spumante (Piemont), mit der Rebsorte Moscato Bianco, servieren, oder mit einem jungen Muskateller mit Säurebiss.

Den Stabilisator, den Zucker, die Eigelbe in eine große Schüssel geben und aufschlagen. In einem Topf die Milch und den Traubenzucker aufkochen, vom Feuer nehmen und äußerst vorsichtig in die Eiermischung geben. Die Paste vorsichtig umrühren, bis sie sämig ist und erneut unter ständigem Rühren erhitzen, ohne dass sie anfängt zu kochen. Sobald sie eine cremige Konsistenz hat, in den Mixer geben und einen Geschmack nach Wahl hinzufügen (Kaffee, Kakao, Vanille, Zimt, etc.). Die Creme schlagen und sofort in den Kühlschrank stellen. Nach 30 Minuten erneut schlagen und in das Gefrierfach geben.

Heutzutage findet man Eis mit jedem erdenklichen Geschmack, aber die Klassiker sind das Eiereis und die Sorbets.

Schwierigkeit: mittel
Vorbereitungszeit: 10 Minuten
Kochzeit: 45 Minuten

Bonet
Bonet

Zutaten für 4 Personen:

125 g Milch
125 g Sahne (mit 35% Fettgehalt)
15 g Amaretto
30 g zerkrümelte Mandelplätzchen
3 kleine Eier
15 g Kakaopulver
85 g Zucker
Zimtpulver
geriebene Schale einer halben Zitrone

Wein

Mit einem süßen, großzügigen Rotwein D.O.C. Marsala (Sizilien), mit der Rebsorte Pignatello (Perricone), Calabrese (Nero d'Avola) und Nerello Mascalese, servieren, oder mit einem jungen Dessertwein mit der Rebsorte Moscatel.

Alle Zutaten zusammen aufschlagen und eine halbe Stunde ruhen lassen. Die Masse in Puddingförmchen gießen, die Förmchen mit Frischhaltefolie oder Alufolie zudecken und im Wasserbad 45 Minuten lang kochen lassen. Sobald die Puddings kalt sind, zwei Stunden lang in den Kühlschrank stellen und danach servieren.

Kandierte Maronen oder einfach nur Früchte der Saison sind eine gute Wahl, um diesen Pudding zu begleiten.

Gerichte der Autoren

Antonello Colonna

Restaurant Antonello Colonna

Der Chefkoch Antonello Colonna wurde sozusagen in die Küche geboren, da schon seine Familie ein Restaurant führte.
1985 übernahm er die Leitung des historischen Familienrestaurants und verwandelte sowohl dessen Gestalt, als auch dessen Wesen. Die Neugier und die Lust, sich zu verbessern, charakterisieren das Schaffen dieses Kochs, dessen Restaurant mit drei Gabeln im Restaurantführer Gambero Rosso ausgezeichnet wurde. Colonna ist der Chefkoch seines eigenen Restaurants, welches in Labico liegt und seinen Namen trägt.

Carlo Cracco

Restaurant Cracco-Peck

Carlo Cracco wurde 1965 in Vicenza geboren, wo er im Restaurant „Da Remo" anfing, als Koch zu arbeiten. Aber auf seine erste berufliche Herausforderung traf er im „Gualtiero Marchesi" in Mailand. Nach einer Zeit in Frankreich kehrte Cracco nach Italien zurück und arbeitete im „Enoteca Pinchiorri" .
Seit dem Jahr 2000 arbeitet er mit der Familie Stoppani zusammen, mit der er gemeinsam das Restaurant „Cracco-Peck" im Jahr 2001 eröffnete, welches mit zwei Michelin-Sternen ausgezeichnet wurde.

Pasta e patate con ragù di salsiccia

Pasta und Kartoffeln mit Würstchensauce

Antonello Colonna

Zutaten für 4 Personen:

Für die Sauce:
500 g Kartoffeln
150 g klein geschnittene Würstchen
1 Zwiebel
Olivenöl virgen extra
Salz

Für die Eierpasta:

200 g Weizenmehl 00
100 g Grießmehl
3 Eier
8 g Salz

Wein

Mit einem jungen, leichten Rotwein D.O.C. Grignolino del Monferrato (Piemont), mit der Rebsorte Grignolino, servieren, oder mit einem kurz gegärten Rotwein D.O.C.G. Bardolino Superiore (Venetien), mit der Rebsorte Corvina, Rondinella und Molinara.

Zuerst die Eierpasta zubereiten. Hierfür die beiden Mehlsorten mischen, einen Vulkan formen und in die Mitte die Eier und das Salz geben. Die Zutaten von Hand kneten, bis eine feine, homogene Masse entsteht. Nicht allzu dünn ausrollen und Längsstreifen schneiden, die für das Rollen der Macceroncini mit Hilfe eines Eisenspießes nötig sind.

Die Zwiebel mit dem Olivenöl in einer kleinen Kasserolle anbraten und die klein gewürfelten (ca. 3mm) Kartoffeln dazugeben. Fünf Minuten lang bei starker Flamme anbräunen, mit kaltem Wasser auffüllen und zu Ende kochen lassen.

In einer Pfanne die Würstchen anbraten und gleichzeitig die Makkaroni in reichlich Wasser kochen. Zum Schluss die Pasta abseihen, in die Kasserolle mit den Kartoffeln geben, die Würstchen hinzufügen und mit Ziegenkäse bestreuen.

Polpetta di baccalà mantecato e farina di ceci fritta
Dorschbällchen mit frittiertem Kichererbsenmehl

Antonello Colonna

Zutaten für 4 Personen:
500 g Dorsch
100 g in Milch eingeweichte Brotkrumen
5 EL Öl
5 Knoblauchzehen
weißer Pfeffer

Für das frittierte Kichererbsenmehl:
Kichererbsenmehl
90 ml Wasser
1 Spritzer Öl
8 g Salz
25 g Speck
Salz

Wein
Mit einem gutgegärten Schaumwein D.O.C.G. Franciacorta, vorzugsweise mit der Rebsorte Chardonnay, servieren, oder mit einem gegärten Schaumwein D.O.C. Trento (Trentin), mit der Rebsorte Pinot Bianco, Pinot Nero und Chardonnay.

Zuerst den Dorsch 24 Stunden lang einweichen. Die Haut abziehen und eine Stunde und zehn Minuten lang kochen lassen. Wenn er abgekühlt ist, zerkleinern, und mit fünf Knoblauchzehen, fünf Esslöffel Olivenöl, den Brotkrumen und einer Prise weißen Pfeffer verrühren.

Nun das frittierte Kichererbsenmehl zubereiten. Wasser zum Kochen bringen, am Siedepunkt das Kichererbsenmehl, das Salz und den zerkleinerten Speck hinzugeben und verrühren. Etwa sieben bis acht Minuten weiterkochen. Danach auf einem Backblech abkühlen lassen und mit einem runden Pastaschneider mit mittlerem Durchmesser schneiden.

Während sich das Kichererbsenmehl abkühlt, kann man die Dorschbällchen zubereiten. Zuerst in Mehl und danach in Ei wenden, in Öl frittieren und auf Küchenpapier ruhen lassen. Nun das Kichererbsenmehl frittieren und immer heiß servieren.

Antonello Colonna

Spalla di capretto mentuccia e pecorino

Rehrücken mit Minze und Ziegenkäse

Zutaten für 4 Personen:

2 kleine Rehrücken
10 frische Minzblätter
Römischer, geriebener Ziegenkäse
2 Knoblauchzehen
1/2 Glas Weißwein
Olivenöl virgen extra
Chilipulver
Salz

Wein

Mit einem gegärten, körperreichen Rotwein D.O.C. Primitivo di Manduria (Apulien), mit der Rebsorte Primitivo, servieren, oder mit einem gegärten Rotwein D.O.C. Cirò (Kalabrien), mit der Rebsorte Gaglioppo.

Zuerst den Rehrücken entbeinen und das Bein ganz lassen. Das Fleisch mit dem gehackten Knoblauch, Salz und Chilipulver bestreuen. Danach die Minzblätter und den Ziegenkäse dazugeben, die gefüllten Rehrücken einrollen und mit Alufolie einwickeln. In eine Kasserolle mit Öl, Weißwein und etwas Wasser geben und bei mittlerer Flamme etwa eine halbe Stunde kochen lassen.

Wenn das Fleisch den optimalen Kochpunkt erreicht hat, die Alufolie entfernen, das Fleisch filetieren, vorsichtig auf einer Platte anrichten und mit Linsenpüree garnieren.

Antonello Colonna

Involtini di peperoni con acciughe
Involtini mit Peperoni und Anchovis

Zutaten für 4 Personen:
2 große rote Peperoni
in Öl eingelegte Anchovis-Filets
Fontina-Käse
Olivenöl virgen extra

Wein

Mit einem Weißwein ohne Fassgärung D.O.C. Colli Orientali del Friuli, mit der Rebsorte Sauvignon, servieren, oder mit einem Weißwein mit natürlicher Gärung D.O. Vernaccia di Oristano (Sardinien), mit der Rebsorte Vernaccia.

Die Peperoni im Ofen oder auf dem Grill braten, waschen, schälen und in Längsstreifen schneiden. Mit den entsalzenen Anchovis und Käsestreifen belegen.

Alles zusammen einrollen, um die Involtini zu erhalten. Diese entweder bemehlt oder unbemehlt mit etwas Öl in die Pfanne geben oder im Ofen gratinieren. Dieses Gericht kann man als Beilage oder als Vorspeise servieren.

Antonello Colonna

Spaghetti alla crosta di pane, asparagi bianchi e seppia

Spaghetti mit Brotkruste, Spargel und Tintenfisch

Zutaten für 4 Personen:

200 g Mehl
90 g Brotkrumen
15 g Kakao
1 Ei
105 ml Wasser
7 g Salz
10 ml Öl
8 weiße Spargelspitzen
8 kandierte Tomatenspalten
5 g zerkleinerte weiße Zwiebel
30 g roher Tintenfisch
Olivenöl virgen extra
weißer Pfeffer
10 g Butter

Wein

Mit einem körperreichen Weißwein D.O.C. Fiano di Avellino (Kampanien), mit der Rebsorte Fiano, servieren, oder mit einem sanften, ungereiften, körperreichen Weißwein mit intensivem Aroma.

Das Mehl, den Kakao, das Wasser, die Brotkrumen, das Ei, Salz und Öl miteinander verkneten und im Folgenden wie frische italienische Pasta zubereiten. Danach den Teig in eine halbe Zentimeter dicke Schicht ausrollen. Man erhält die Spaghetti mit Hilfe eines entsprechenden Pastaschneiders (Chitarra).

Die weißen Spargelspitzen mit etwas Butter und zerkleinerter Zwiebel in reichlich Wasser mit einer Prise Salz kochen.

Die Spaghetti drei Minuten lang in reichlich Salzwasser kochen, abseihen und die Spargel hinzufügen. Salzen, pfeffern, die kandierten Tomatenspalten dazugeben und auf einer Platte anrichten. Zuletzt den Tintenfisch in dünne rechteckige Scheiben schneiden, auf die Pasta geben und mit einem kleinen Schuss Öl abschließen.

Vitello impanato alla milanese con petali di pomodoro gratinati

Paniertes Mailänder Kalbsschnitzel mit gratinierten Tomatenspalten

Carlo Cracco

Zutaten für 4 Personen:
1 kg Rippenstück vom Kalb
3 Eier
200 g zerbröseltes Toastbrot ohne Rand
200 g fettfreie Butter
12 Tomatenspalten ohne Kerne und Haut
300 g Spinat
200 g Butter
100 g fein gehackte Kräuter (Schnittlauch, Petersilie, Dill, Estragon)
Maldon-Salz

Wein

Mit einem Rotwein mit mittlerer Gärung D.O.C. Barbera d'Asti (Piemont), mit der Rebsorte Barbera, servieren, oder mit einem kompakten, aromatischen rassigen Wein mit mittlerer Gärung und geringem Tanningehalt.

Zuerst die Rinderrippenstücke vollständig von Fett und Nervensträngen befreien und in drei Teilen gleich große Würfel von etwa 4,5 Zentimeter schneiden.

Danach die Würfel mit Ei und Semmelbröseln panieren, in der fettfreien Butter auf allen Seiten anbräunen, dabei das Fleisch innen leicht rosa lassen, und zwei bis drei Minuten ruhen lassen. Dann für weitere zwei bis drei Minuten bei 200 °C in den Ofen schieben und mit Maldon-Salz salzen und pfeffern.

Währenddessen die Butter zerkleinern und mit den Toastbröseln, den Kräutern, Salz und Pfeffer vermischen. Die Masse auf zwei Papierblättern ausrollen und für zwei Stunden in den Kühlschrank stellen. Danach runde Scheiben ausstechen.

Den Spinat mit etwas Öl anbraten und in die Tomatenspalten füllen. Diese auf die Gewürzbrotscheiben legen und im Salamander gratinieren.

Carlo Cracco

Salsiccia di seppia
Tintenfischwurst

Zutaten für 4 Personen:
2 kg Tintenfisch
10 g feines Salz
100 g Meersalat
100 ml Olivenöl virgen extra

Wein

Mit einem im Fass fermentierten Weißwein I.G.T. VeneziaGiulia (Friuli), mit der Rebsorte Sauvignon, Chardonnay, Ribolla Gialla und Malvasia Istriana, servieren, oder mit einem gut gegärten Schaumwein D.O.C.G. Franciacorta (Lombardei), mit der Rebsorte Chardonnay und Pinot Bianco.

Den Tintenfisch säubern und im Zerkleinerer zusammen mit einer Prise Salz, den in unregelmäßigen Stücken geschnittenen Meersalat und dem Olivenöl virgen extra schneiden.

Die Paste in einen Darm geben, wie bei einer Dauerwurst, und im Kühlschrank fünf bis sechs Stunden trocknen lassen.

Zuletzt sechs Minuten lang in reichlich Wasser kochen und geschnitten servieren.

DATA
TAV.

Astice blu alla birra con mele cotogne e taccote

Blaue Languste mit Bier, Quitten- und Taccoteäpfeln

Carlo Cracco

Zutaten für 4 Personen
4 Quittenäpfel
100 g Baby Taccote
300 ml Menabrea Bier
30 g Butter
1/2 gehackte Charlotte
Blaue Languste

Wein

Mit einem Weißwein ohne Fasslagerung D.O.C. Greco di Tufo (Kampanien), mit der Rebsorte Greco, servieren, oder mit einem sanften, körperreichen Weißwein D.O.C. Verdicchio di Matelica (Marken), mit der Rebsorte Verdicchio.

Die Quittenäpfel 30 Minuten lang bei 180 °C kochen, bis ein homogenes Püree entsteht und sofort in den Mixer geben.

Die Languste mit etwas Öl, einer Knoblauchzehe und dem Bier in eine Kasserolle geben. Wenn sie gar ist, die Beinchen entfernen und in der Mitte durchschneiden. Das Fruchtmark in den Sud geben , leicht reduzieren und eine Minute lang glasieren.

Die Taccote mit etwas Butter und der gehackten Charlotte kochen, salzen und pfeffern. Etwas Quittenapfelpüree in die Mitte einer Platte und darauf die Languste geben. Zuletzt die Taccote und etwas reduzierten Sud dazugeben.

Semifreddo al tartufo bianco d'Alba con gelatina di miele d'acacia
Halbgefrorenes mit weißem Trüffel aus Alba und Gelatine aus Akazienhonig

Carlo Cracco

Zutaten für 4 Personen:

75 g Eiweiß
50 g Zucker
220 g Sahne
70 g Ricotta aus Seirass-Käse
30 g fein geschnittene, weiche Schokolade
20 g gewürfelte weiße Trüffel aus Alba
40 g Akazienhonig
1/2 Blatt Gelatine
20 g weiße Trüffel aus Alba (für die Garnierung)

Wein

Mit einem süßen Rotwein mit Fassgärung D.O.C. Recioto della Valpolicella (Venetien), vorzugsweise mit der Rebsorte Corvina, servieren, oder mit einem süßen gegärten Rotwein D.O.C. Montefalco Sagrantino Passito (Umbrien), mit der Rebsorte Sagrantino.

Zuerst den Ricotta mit 40 g Sahne aufschlagen und beiseitestellen. Die restliche Sahne in einer Schüssel aufschlagen und danach in einer separaten Schüssel ebenso das Eiweiß mit dem Zucker. Nun den Ricotta, die gewürfelten Trüffel, die Schokolade und zum Schluss die steife Sahne zu dem steifen Eiweiß geben. In eine Form geben und beiseitestellen, bis die Masse fest wird.

Zum anderen die Gelatine in etwas Wasser einweichen und den Honig erhitzen. Wenn der Honig anfängt zu kochen, die Gelatine hinzufügen. Sobald sich die Gelatine vollständig aufgelöst hat, alles in eine 1 cm hohe Form geben, eine Zeit in den Kühlschrank stellen und wenn die Masse fest ist, in kleine Würfel schneiden.

Sobald das Halbgefrorene eingedickt ist, glasierten Zucker darüber streuen und vorsichtig auf den Teller geben. Die Gelatine außen herum verteilen und mit Trüffelscheiben und Karamellflocken garnieren.

Die Speisekammer

Olivenöl (Olio d'oliva)
Grundnahrungsmittel bei der mediterranen Ernährung, das viele verschiedene Varianten hat, die sich durch die Art der Oliven und den Herstellungsprozess unterscheiden.
Das Olivenöl virgen extra wird bei der ersten Pressung kalt gepresst, hat einen geringeren Säuregehalt und ist reiner und aromatischer, deswegen ist es das am meisten geschätzte.

Oliven (Olive)
Die Oliven isst man roh als Appetitanreger oder gekocht in Saucen. Aufgrund der verschiedenen Farben und des verschiedenen Geschmacks verwendet man die schwarzen und grünen Oliven in unterschiedlichen Rezepten.

Reis (Riso)
In Norditalien, im Tal des Po, baut man die drei Reissorten an, die für das Risotto geeignet sind. Der lange und dicke Arborio wird am häufigsten verwendet, er wird schnell weich und macht das Risotto dicht und cremig. Der kleine Vialone Nano ist fester und bleibt innen hart. Der hochqualitative Carnaroli löst sich von außen leicht auf, aber bleibt innen fest.

Kaffee (Caffé)
Auch wenn der Kaffee aus Südamerika, Afrika oder Asien stammt, ist Italien ein Experte darin, Kaffee in allen Varianten zu kochen. Dabei ragen besonders der Espresso, dunkel mit brauner Creme, der Ristretto, klein und sehr stark, und der Cappuccino, Espresso mit Milchschaum und manchmal Kakaopulver, heraus.

Wurstwaren (Salumi)
In Italien gibt es Wurstwaren von großartiger Qualität, die das Maximum aus dem Schweine- und auch Rindfleisch herausholen. Alle Regionen haben eine typische Wurstware, auch wenn die vielleicht berühmtesten und beliebtesten aus dem Norden kommen.

Bresaola (Bresaola)
Eine Spezialität aus der Lombardei. Der dunkelrote Bresaola wird aus magerem Kalbsfleisch hergestellt und hat kaum Fett. Er wird in dünnen Scheiben serviert und schmeckt ähnlich wie der Serrano-Schinken.

Speck (Speck)
Roher, leicht geräucherter Schinken, der 22 Wochen lang luftgetrocknet wird, eine typische Spezialität aus Trivento.

Schinken (Prosciutto)
Es gibt gekochte (prosciutto cotto) und rohe Schinken (prosciutto crudo), aus denen der Schinken aus San Daniele und Parma herausragen. Beide haben ein Siegel für höchste Qualität.

Mortadella (Mortadella)
Die Mortadella aus Bologna, eine dicke Schweinewurst mit Butter, isst man kalt. Gelegentlich findet man ihn auch mit Pistazien.

Peperoni (Peperoncini)
Die Peperoni sowohl getrocknet, als auch frisch, sind in Süditalien sehr beliebt, wo sie dazu verwendet werden, eine Vielfalt an Gerichten zu würzen.

Gewürzkräuter (Erbe aromatiche)
Für die meisten Gerichte der italienischen Küche werden Gewürzkräuter verwendet.

Basilikum (Basilico)
Der frische Geschmack des Basilikums ist für die transalpine Küche unverzichtbar. Damit er nicht seinen Geschmack verliert, muss man ihn von Hand zerpflücken und dem bereits fertigen Gericht zugeben.

Oregano (Origano)
Man kann ihn frisch gepflückt verwenden, aber den besten Geschmack hat er getrocknet.

Pasta
Das Nahrungsmittel schlechthin der italienischen Küche, hergestellt aus Hartweizengrieß, Wasser oder Ei und manchmal auch Öl und Salz. In Italien gibt es 500 Arten von Pasta. Dies sind die repräsentativsten.

Bandnudeln (Pappardelle)
Relativ dicke Bandnudeln, traditionell aus Venetien oder der Toskana, wo man sie mit Saucen mit Hase oder Ente serviert.

Spaghetti (Spaghetti)
Nudeln in Form von dünnen Bändern, sehr beliebt und international bekannt. Sie werden in ganz Italien in vielen Varianten unterschiedlicher Dicke - die Spaghettini sind die dünnsten - und Länge hergestellt. Spaghetti bedeutet im Italienischen „kleine Seile“ und sie werden üblicherweise mit einfachen Saucen serviert.

Spiralnudeln (Fusilli)
Die kurze Pasta stammt aus Kampanien in Süditalien. Deren spezielle Spiralenform trägt dazu bei, die Tomatensauce, mit der sie üblicherweise serviert wird, einzufangen.

Gnocchi (Gnocchi)
Runde oder ovale Pasta. Man kann sie aus Semmelbröseln oder Kürbis, wie im Norden, oder aus Kartoffeln, wie in der Landesmitte, und in zahlreichen anderen Varianten herstellen.

Lasagne (Lasagne)
Diese Nudelscheiben haben einem der berühmtesten Gerichte des Landes seinen Namen gegeben. Sie können flach oder leicht gewellt sein.

Makkaroni (Penne)
Mit ihrer Röhrenform ist diese trockene Pasta eine der weltweit beliebtesten. Die Penne Rigate mit der gerillten Oberfläche stammen aus Kampanien und Ligurien, wo sie üblicherweise mit scharfen Saucen serviert werden.

Öhrchennudeln (Oricchiette)
Die trockene Pasta aus Apulien (Süditalien) verdankt ihrer Öhrchenform ihren Namen. Die Form erhält man, wenn man bei der Zubereitung den Daumen auf die Pasta drückt. Wie die Fusilli nimmt sie gut die Gemüsesauce auf, mit der sie üblicherweise serviert wird.

Ravioli (Ravioli)
Diese frische Pasta hat die Form einer Briefmarke und ist normalerweise mit Fleisch oder Pilzen gefüllt, aber es gibt viele Varianten, Gemüse, Schinken, Lachs, Dorsch... Die Ravioli oder Agnolotti serviert man üblicherweise in Suppen, wenn sie klein sind, oder mit Sauce oder Butter, wenn sie groß sind.

Rigatoni (Rigatoni)
Röhrenförmige Pasta, ähnlich wie die Penne Rigate, aber gerade geschnitten und dicker. Es gibt eine Variante, die so groß wie ein Cannelloni sein kann (Rigatoni Napolitano). Deren Streifen nehmen die Tomaten- oder Fleischsauce gut auf, mit der sie bevorzugt serviert werden.

Tortellini (Tortellini)
Frische Nudelringe aus Bologna (Norditalien), die mit Fleisch oder Spinat gefüllt sind. Verwandte dieser Pasta sind die Tortelloni, die gleich aussehen, aber größer sind, und die Cappelletti, eine mit Rind- oder Schweinefleisch gefüllte Variante aus Emilia-Romagna (Norditalien).

Polenta (Polenta)
Unterschiedlich grobes Maismehl, mit dem man Torten oder Schmorgerichte zubereiten kann und das auch dem Gericht seinen Namen gibt.

Käse (Formaggio)

Italien ist ein großer Käsekonsument und -produzent sowie die Wiege bedeutender Käsespezialitäten, die alleine gegessen oder bei der Zubereitung von Gerichten und Saucen verwendet werden. Dabei hebt sich besonders der Norden des Landes hervor, wo die drei bedeutendsten italienischen Käsesorten produziert werden.

Gorgonzola

Der Gorgonzola, eine der weltweit ältesten Käsesorten, stammt aus der Lombardei. Er ist ein blauer Käse aus Kuhmilch, der gepresst und gereift wird, außen hat er eine Schimmelkruste und innen bleibt er fettig. Er wird sehr häufig in geschmolzener Form für Saucen verwendet.

Mascarpone

Dieser Käse aus Kuhmilch stammt aus Norditalien und ist cremig und sehr fettig. Er eignet sich besonders für Nachspeisen wie das Tiramisu.

Parmesan (Parmigiano-Reggiano)

Dieser Käse mit DOP-Siegel wird sehr geschätzt. Er wird aus Kuhmilch hergestellt und vier Jahre lang gereift. Üblicherweise würzt man mit geriebenem Parmesan Salate, Pasta und Suppen.

Mozzarella

Dieser römische Käse wird ursprünglich aus Büffelmilch hergestellt und hat einen frischen süßlichen Geschmack. Dieser Käse eignet sich sehr gut für Pizzas.

Tomaten (Pomodori)

Dieses Gemüse stammt aus Südamerika und ist fundamental für Salate und Schmorgerichte. Die guten frischen Tomaten müssen von lebendiger Röte, leicht weich und süßlich sein. Charakteristisch für Italien sind die kleinen Tomaten aus Sorrent, eine lokale ungleichförmige Variante von Kirschtomaten und die getrockneten Tomaten, die geteilt und fünf Tage lang in der Sonne getrocknet werden.

Gemüse (Verdure)

Gemüse findet man in der Mehrzahl italienischer Gerichte sowohl als Hauptzutat, als auch als Gewürz. Kürbis (zucca) verwendet man für Süßspeisen, als auch für normale Gerichte, als Füllung von Pasta, in Saucen, in Suppen oder gegrillt. In vielen Rezepten findet man auch Auberginen (melanzane), besonders im Süden, wo man sie grillt oder brät und Paprika in allen Varianten, gegrillt, gebraten oder roh. Ideal um Fisch zu würzen, ist die Fenchelknolle (finocchio) mit ihrem süßlichen, frischen und leichten Anisgeschmack. Häufig werden auch Zucchini (zucchini), Rucola (rucola) und Radicchio, eine spezielle Art des Chicorée, verwendet.

Balsamicoessig (Aceto balsamico)

Der Balsamicoessig wird aus der Traubensorte Trebbiano hergestellt und mindestens vier Jahre lang in Eichenfässern gereift. Er hat einen sanften und guten Geschmack und ist besonders für leichte Gerichte geeignet, mit einigen Tropfen bereichert man Gerichte, ohne Fett hinzuzufügen.

Die Weine

Nachdem Italien seinem ewigen Konkurrenten Frankreich den Rang abgelaufen hat, schmückt es sich mit dem ersten Rang in Weinanbau und Weinexport. Durch dies und durch die ausgezeichnete Gastronomie kann man fast überall auf der Welt eine Flasche italienischen Wein finden. Aus den prestigeträchtigsten Weinen stechen der Chianti, der Barolo, der Valpolicella und der beliebte Lambrusco hervor.

Mit dem Ziel den Ursprung und die Qualität seines außergewöhnlichem Weinangebots zu klassifizieren, hat Italien eine Reglementierung mit den folgenden Stufen aufgestellt: Vino da Tavola, ohne Herkunftsbezeichnung oder Herstellungsjahr, ähnlich den spanischen Tischweinen; IGT (Indicazioni Geografiche Tipiche), ähnlich den Landweinen; DOC (Denominazione di Origine Controllata), gleich der spanischen Herkunftsbezeichnung DOC oder der französischen Appeliation Controlée; und DOCG (Denominazione di Origine Controllata e Garantita), das höchste gesetzliche Qualitätssiegel italienischer Weine.

Heutzutage gibt es 250 italienische Weine mit DOC und etwa 20 mit DOCG, was zusammen 13% der gesamten italienischen Weinberge sind. Zusammen mit der Bemühung, die Weinproduktion zu erhöhen und die französischen Kollegen zu übertreffen, haben viele italienische Weinkellereien einen enormen Aufwand betrieben, sich zu modernisieren und lokale Rebsorten zurückzugewinnen, die nicht mehr angebaut wurden aufgrund der Generalisierung internationaler Weine. So werden die bereits traditionellen Rebsorten Nebbiolo oder Sangiovese mit den Rebsorteen Sagrantino, Barbera, Corvina, Teroldego, Vermentino, Verdicchio, Montepulciano, Negroamaro, Aglianico, Nero d'Avola, Gaglioppo, Cannonau, Pinot Bianco, Pignolo oder Garganega angereichert.

Ebenso werden die erstklassigen Weinanbaugebiete bedeutend erweitert: Zu den klassischen Regionen Piemont und Toskana kamen unter anderem Venetien, Fiuli, die Marken, Sizilien, Apulien, Umbrien und Sardinien hinzu. Durch die Regionalisierung

italienischer Weine kann man heutzutage viele verschiedene Rebsorteen genießen: vom Chianti Toscano bis hin zum Malvasía Calabresa, Valpolicella aus Venetien, Marsala aus Sizilien oder zum Lambrusco aus Modena.

Barolo

Die Ursprünge dieses trockenen Rotweins aus dem Piemont gehen auf die Anfänge des 19. Jahrhunderts zurück. In weniger als vier Jahrzehnten, zur Zeit der Einigung Italiens, wurde er international berühmt, da man ihn den Diplomaten zum Mittagessen servierte. 1980 wurde die Produktion pro Hektar begrenzt und das Anbaugebiet auf die Hügel von Langhe beschränkt. Für seine Herstellung verwendet man die berühmte Rebsorte Nebbiola, dessen Name sich auf die günstigen Bodennebel zur Zeit der Weinernte (Ende Oktober) bezieht. Diese Rebsorte verwendet man auch zur Herstellung von Weinen wie dem Barbaresco, dem Gattinara und dem Nebbiolo aus Alba.

Valpolicella

Die ausgewählten Weinberge des Valpolicella befinden sich im Osten Venetiens, die Region Italiens, die die meisten Weine mit DOC und die drittgrößte Nettomenge herstellt. Er ist der direkte Konkurrent des Chianti als Hauswein in den meisten italienischen Restaurants.
Er wird mit den typischen Rebsorten dieses Gebiets hergestellt, wie Corvina, Rondinella, Molinara und einem Anteil Rossignola, Negrara, Trentina und Barbera. Leicht rubinfarben präsentiert er Aromen nach roten Früchten in den jüngeren Weinen und nach Mandeln in den älteren. Ein weiterer angesehener Wein Venetiens ist der Soave, ein sanfter trockener Weißwein, der aus der Rebsorte Garganega mit der Rebsorte Trebbiana hergestellt wird. Man kann ihn gut außerhalb der Mahlzeiten oder zu leichten Gerichten trinken.

Lambrusco

Zweifelsohne ist der Lambrusco aus Modena einer der internationalsten italienischen Weine. Dieser spezielle Rotwein ist sehr süß, leicht schäumend und ganzer Stolz der Emilia-Romagna, wo man drei Arten von Lambrusco DOC unterscheidet: Lambrusco di Sorbara, Lambrusco Salamino di Santa Croce und Lambrusco Grasparossa di Castelvetro.

Chianti
Das bekannteste Produkt der italienischen Toskana ist der Chianti, ein Wein mit Jahrhunderte alter Geschichte, der in Florenz und Siena hergestellt wird. Die 7.000-Hektar-Weinberge des Chianti unterteilen sich in sieben Produktionsgebiete mit sehr unterschiedlicher Bodenzusammensetzung. Der Chianti wird zu 75 bis 100 Prozent aus der Rebsorte Casta Sangiovese hergestellt und darf nicht vor dem 1. Oktober im Jahr nach der Ernte verkauft werden. Selbstverständlich ist der Chianti nicht der einzige geschätzte Wein der Toskana. Andere herausragende Sorten sind der Vernaccia aus San Gimignano, ein Weißwein, den Michelangelo als seinen Lieblingswein bezeichnete; Brunello und Rosso di Montalcino; Vino Nobile di Montepulciano und zuletzt der Vinsanto aus Carmignano, der eine ideale Begleitung für Nachspeisen ist.

Est, Est, Est
Dieser Weißwein mit gelblicher Tönung wird aus den Rebsorten Trebbiano, Toscabo und Malvasia Bianca in der Region Castelli Romani im Latium hergestellt. Er verdankt seinen Namen einem deutschen Prälaten, der im 10. Jahrhundert nach Rom gepilgert ist. Da er ein Liebhaber von gutem Wein war, schickte er einen Diener vor, um die Tavernen auszukundschaften. Dieser sollte an die Eingangstüren der Tavernen, die einen guten Wein haben, das lateinische „Est“ und andernfalls „Non Est“ schreiben. Der Diener führte diese Auswahl durch, bis er nach Montefiascone kam, wo er durch die Qualität des Weines so bezaubert war, dass er an die Tür „Est! Est!! Est!!!“ schrieb. Es wird erzählt, dass der Prälat nie in Rom ankam...
Ein weiterer bekannter Wein dieser Region ist der Frascati, ein trockener Wein aus den Bergen südlich von Rom.

Verdicchio
Ein weiterer berühmter italienischer Weißwein ist der Verdicchio, der in den Hügeln des Esino-Tals, und in den Marken hergestellt wird. Die verwendete Rebsorte gibt dem Wein seinen Namen, der sich auf dessen grünliche Tönung bezieht.

Orvieto
Der meist geschätzte Wein aus Umbrien ist der Orvieto. Dieser Weißwein hat zwei Varianten: die trockene und die sanfte, auch als Abboccato bekannt. Dieser Wein hat eine lange Geschichte. Dem Anschein nach schätzte schon der Papst Farnesio, Paul III, diesen Wein besonders und einige Künstler der Renaissance forderten in ihrem Vertrag ergänzend einige Flaschen Orvieto, um sich „besser inspirieren zu können“.

Marsala
Dieser Wein trägt den Namen der kleinen Stadt in Sizilien wo er hergestellt wird. Seine Geburt geht auf den englischen Kaufmann John Woodhouse zurück, der 1770 einige sizilianische Weinberge übernahm. Trotzdem war es ein Kalabrier, Vicenzo Florio, auch als Vater der sizilianischen Weinkellereien bekannt, der 1832 die größte Marsala-Kellerei gründete.

Andere Getränke
Zusammen mit den stillen Weinen haben andere Getränke ihre Grenzen überschritten und den Weg in viele Gläser Europas gefunden. Die Schaumweine aus Asti konkurrieren mit dem französischen Champagner und dem katalanischen Cava. Aus den meist exportierten Likören sticht der Grappa, ein Schnaps, den die Italiener nach dem Essen trinken, und der Amaro heraus. Zuletzt haben wir den Limoncello, ein Fruchtlikör mit alter Tradition, der vom Golf von Neapel bis hin zur Amalfiküste getrunken wird.

Glossar

Al dente
Kochpunkt, bei dem die Lebensmittel eine bestimmte Festigkeit behalten, speziell bei Pasta, außen weich und innen etwas hart.

Antipasti
Bedeutet wörtlich „vor dem Essen“ und ist die italienische Version von hors d'oeuvre. Häufig werden die Antipasti auf einer Platte auf einem separaten Tisch serviert, von der sich die Gäste selbst bedienen können.

Balsamicoessig
Essig, der aus der Rebsorte Trebbiano Blanca aus Modena oder Reggio Emilia hergestellt wird. Er durchläuft einen langen Fermentations- und Herstellungsprozess von mehr als drei Jahren.

Borlotti
Eine Bohnenart mit kleinen roten und weißen Flecken. Sie werden vorzugsweise getrocknet verwendet.

Cappuccino
Espresso mit Milchschaum.

Carpaccio
Dieses relativ junge Gericht wird mit sehr dünnen Scheiben rohen Rindfleischs zubereitet, das vorher gefroren wurde. Man macht es mit Zitronensaft, Olivenöl, Salz, Pfeffer und optional Parmesanblättchen an.

Ciabatta
Sehr beliebtes italienisches Brot. Das Brot bereitet man so zu, dass sich innen große Blasen bilden und außen eine knusprige Kruste entsteht.

Gorgonzola
Weicher italienischer Käse mit intensivem Geschmack aus Kuhmilch.

Grappa
Dieses italienische Getränk mit großem Bekanntheitsgrad wird aus den Schalen, den Kernen und dem Fruchtfleisch hergestellt, die bei der Weinherstellung übrig bleiben (Trester). Man trinkt ihn nach dem Essen als Digestif.

Minestra
Suppe mit Pasta und Gemüse, bei der die Zutaten in kleine Stücke geschnitten werden.

Olivenöl virgen extra
Wird als einer der Stars der italienischen Küche angesehen. Man verzehrt es roh oder verwendet es, um Salate und eine große Anzahl von Speisen zu würzen.

Pancetta
Dieses getrocknete Bauchstück vom Schwein findet man in Scheiben oder eingerollt (arrotolata), sowohl geräuchert als auch ungeräuchert. Sehr nützlich zur Zubereitung vieler Gerichte.

Panettone
Traditionelle Nachspeise zu Weihnachten, ursprünglich aus Mailand, zylinderförmig und ziemlich hoch. Es gibt Nachweise, dass man Panettone bereits im 14. Jahrhundert zubereitet hat.

Parboiled-Reis
Der Parboiled-Reis (englischer Ausdruck, der „teilweise gekocht" bedeutet) ist ein Produkt der modernen Lebensmittelindustrie, das ein einfaches und richtiges Al-dente-Kochen des Reises sicherstellt. Zudem bleiben dadurch alle Mineralien und Vitamine erhalten und die Fettaufnahme wird reduziert.

Pasta, frisch
Man bereitet sie aus Mehl, Wasser, Eiern, Öl und Salz zu. Muss nach ihrer Herstellung innerhalb weniger Tage verzehrt werden.

Pasta, trocken
Wird aus Hartweizen hergestellt. Man unterscheidet zwei Arten, lange (Spaghetti) und kurze (Makkaroni) Pasta. Die Italiener verzehren viel mehr trockene als frische Pasta.

Polenta
Maismehl, das für Norditalien typisch ist. In der am meist entwickelten Version wird es zu einem harten Teig und ersetzt in vielen Fällen das Brot.

Risotto
Typisches Reisgericht mit cremiger Konsistenz, das man mit unendlich vielen Zutaten zubereiten kann und dessen Charakteristik die spezielle Kochweise ist. Man brät den Reis vor dem Kochen an und gibt nach und nach Brühe zu, sodass der Reis immer saftig bleibt, aber nicht von der Flüssigkeit ertränkt wird.

Ristretto
Sehr starker Espresso, der mit sehr wenig Wasser zubereitet wird.

Schalotte
Die Schalotte gehört zur Familie der Amaryllisgewächse, wie die Zwiebel und der Knoblauch, aber ihr Aroma ist subtiler als das der Zwiebel und weniger bissig als das des Knoblauchs. Wird in Italien bei einer Vielzahl von Gerichten verwendet.

Soffritto
Frittiertes, das bei vielen Gerichten als Basis dient. Es ist eine Mischung aus Zutaten, unter anderem Zwiebeln, Knoblauch, Sellerie, Karotten ...

Speck
Bauernspeck. Typische Wurstware aus Norditalien, typischerweise aus Südtirol mit deutlichem germanischen Einfluss. Die Schweinshaxen werden mit Salz und verschiedenen Gewürzmischungen (Wacholder, Pfeffer, Lorbeer, etc.) gebeizt und danach geräuchert und getrocknet.

Vermouth
Zwei Marken teilen sich den Ruhm, Vermouth herzustellen (mit Kräutern aromatisierter Weißwein). Er kann süß oder trocken und rot oder weiß sein.

Zuppa
Suppe.

Rezeptverzeichnis

S

T

V

Z

Ihre Koch-Notizen

Chefkoch:
Antonello Colonna